절망 속에서 태어나는 용기

오페라에 담긴 진리의 가르침

이 책은 _____의 것입니다.

책을 빌려 가신 분은 일단 열심히 읽고 많이 공부하세요.

하지만 다른 사람에게 또 빌려주지는 마시기 바랍니다.

많은 사람들의 손을 타다 보면 책도 금세 낡아지고

주인에게 되돌아오지 않는 경향이 있더라고요.

절망 속에서 태어나는 용기
오페라에 담긴 진리의 가르침
맥스 하인델 지음 | 윤민+남기종 옮김

마름돌

"Mysteries of the Great Operas" by Max Heindel
Korean translation Copyright ⓒ 2018 Yoon & Lee Publishing

이 책의 한국어판 저작권은 윤앤리퍼블리싱에 있습니다.
마름돌은 윤앤리퍼블리싱의 임프린트 입니다.
저작권법에 의해 보호받는 저작물로 무단전재와 무단복제를 금합니다.

역자 서문

전설과 신화가 우리에게 전하는 진짜 메시지는 과연 무엇일까?

얼마 전 모 인터넷 유머 사이트에서 '드라마의 특징'이라는 제목의 재미있는 글을 봤다. 일반적으로 한국 드라마는 재벌 2세 또는 부잣집 아들인 남자 주인공과 평범한 가정에서 태어나 힘겹게 살아가는 서민 여자 주인공이 처음에는 악연으로 만났다가 우연한 기회에 사랑에 빠지고, 집안의 반대로 갈등이 골이 깊어지는 와중에 여자의 아버지가 죽을병에 걸리고, 설상가상으로 여자까지 사고로 기억상실증에 걸리면서 상황이 최악을 향해 치닫다가, 기적적으로 여자의 기억이 회복되고 서로를 향한 두 남녀의 마음이 더욱 강해져 부부가 행복하게 살아간다는 뻔한 줄거리가 주를 이룬다는 내용의 글이었다.

서양도 사정은 비슷하다. 오래된 신화에는 순수한 마음을 가진 정의로운 영웅과 사악한 악당 또는 마법사의 주문에 걸려 깊은 잠에 빠진 아름다운 공주가 거의 고정급 주연배우로 등장하고, 할리우드에서는 《귀여운 여인》, 《그레이의 50가지 그림자》, 《러브 인 맨하탄》, 《내 남자친구는 왕자님》 등과 같은 신데렐라 류의 영화가 예나 지금이나 많은 인기를 누리고 있다. 심리학계에서는 이처럼 남성에게 기대어 안정을 추구하려는 여성의 심리를 가리켜 '신데렐라 콤플렉스'라 부르기 시작했고, 국내에서는 '취업'과 '시집'을 합친 '취집'이라는 신조어마저 생겨났다. 하지만 백마 탄 왕자 또는 기사가 위기에 처한 공주 또는 여인을 구출한다는 전형적인 로맨스 이야기가 전하고자 하는 진짜 메시지는 무엇일까?

'로맨스romance'를 현대 사전에서 검색하면 '사랑', '연애'라고 정의되어 있지만, 이 단어는 본래 '기사, 영웅 등의 모험을 담은 이야기'라는 뜻을 가지고 있다. 중국 삼국시대 영웅들의 이야기를 기록한 《삼국지》의 영문 제목도 그래서 《Romance of the Three Kingdoms》다. 즉, 로맨스는 단순한 남녀 간의 사랑이 아니라 성별을 불문하고 한 인간이 영적으로 성장하는 험난한 과정을 다룬 이야기다. 전설과 신화에 나오는 영웅처럼 위험 앞에서도 등을 돌리지 않고 앞으로 계속 나아가면 자신의 영혼을 상징하는 잠자는 공주를 깨울 수 있고, 희생과 봉사를 삶의 신조로 삼았던 기사처럼 약자를 위해 싸우고 헌신하면 인생의 궁극적인 목표를 달성할 수 있다.

《절망 속에서 태어나는 용기》의 저자, 맥스 하인델에 따르면 정확한 기원을 알 수 없을 정도로 오래된 세계의 유명한 전설과 신화는 인간의 진화와 성장을 돕기 위해 고안된 일종의 그림책이라고 한다. 이 책에서 다루고 있는 다섯 편의 오페라 역시 신비스러운 색채가 묻어나는 고대의 전설을 바탕으로 하고 있으며, 우리가 성장하기 위해 거쳐야 하는 여정, 과제, 난관, 함정을 다양한 각도에서 조명하고 있다. 선량한 구도자 파우스트는 깨달음을 얻겠다는 성급한 마음으로 악마와 거래하는 불장난을 저지른 뒤 혹독한 대가를 치른다. 지극히 순수한 성배의 기사 파르지팔과 북유럽의 영웅 지크프리트는 세상에서 두려운 것이 없기 때문에 진리를 구하는 데 성공한다. 하지만 두 영웅의 대조적인 행보를 통해 힘들게 얻은 보물을 어떻게 사용하느냐에 따라 인간과 세상의 운명이 바뀐다는 것도 배울 수 있다. 음유시인 탄호이저는 성장의 가시밭길을 걸으며 베푸는 사랑과 요구하는 사랑, 영적 사랑과 관능적 사랑의 차이를 배우고, 백마가 아닌 '백조 탄 기사' 로엔그린을 의심했던 엘자는 뼈아픈 신뢰의 교훈을 얻는다.

이 책에서 다루는 다섯 편의 오페라 중 네 편은 리하르트 바그너의 작품이며, 대중적으로 잘 알려진 오페라와 차별되는 그의 작품들은 뮤직 드라마Music drama, 즉, 악극樂劇으로 불린다. 이 세상의 모든 인생은 같은 종착지를 향해 나아가는 한 편의 드라마이며, 우리가 이 실전 드라마에서 대본대로 위기에 빠진 여인을 구출하고 자기도 구원하는 영웅의 역할을 할지, 권력의 반지를 탐하며 온갖 음모를 획책하다가 비참한 최후를 맞는 난쟁이가 될지, 아니면 물질과 허상으로 영웅을 유혹하고 그의 앞길을 가로막는 사악한 마법사 역을 맡을지는 우리 자신에게 달렸다. 이 책에 소개된 영웅들의 이야기를 접하고 이해한 후에는 앞으로 무엇을 어떻게 하며 살지에 대한 단서를 얻을 수 있을 것이다.

맥스 하인델 (Max Heindel, 1865-1919)

교리가 중요한가, 그리스도가 중요한가?

인간을 미워하면서 신을 사랑하는 사람은 없다.
 형제의 가슴과 영혼을 짓밟고 지옥불로 협박하면서,
정신을 구속하고, 세뇌하고, 조종하는 자는
 인간이 해야 할 일을 모르는 사람이다.

신은 모든 종교에 축복을 내리셨다.
 무거운 짐을 진 자들을 슬픔, 죄, 분쟁으로부터 해방하고
휴식과 평화를 주기 위해
 길이자, 진리이자 생명인 그리스도를 주셨다.

그리스도의 요청에 따라
 우주의 영은 모든 예배당 안으로 들어왔다.
오순절 아침에 수많은 불꽃이 내려와
 각 사도를 둘러싸며 밝은 후광을 비쳤다.

하지만 우리는 그날 이후부터 굶주린 독수리처럼
 의미 없는 이름을 독차지하기 위해 싸움을 멈추지 않았다.
신조, 칙령, 교리를 내세우며,
 상대방을 지옥에 떨어뜨리기 위해 안간힘을 썼다.

그렇다면 그리스도가 분열되었다는 말인가?
  베드로와 바울이 십자가에 못박혀 죽었단 말인가?
그리스도의 사랑은 너와 나, 모두를 아우른다.
  그런데 왜 분열이 필요하단 말인가?

그의 순수하고 따스한 사랑은
  분열의 벽을 쌓는 데만 급급한 교리의 제약을 받지 않는다.
그의 사랑은 인류 전체를 감싼다.
  우리가 그를 어떤 이름으로 부르든, 이 사실에는 변함이 없다.

그의 말씀에 귀를 기울이면 되는 것 아닌가?
  왜 분열을 획책하는 교리에 목숨을 거는가?
우리가 확실하게 새겨들어야 할 한가지는
  모두의 가슴에 형제애가 자리잡아야 한다는 것이다.

세상이 알아야 할 것은 단 하나다.
  인간의 고통을 치유하는 방법은 단 하나다.
천국에 이르는 길은 단 하나다.
  바로 인간에 대한 연민과 사랑이다.

맥스 하인델 《장미십자회의 우주 창조론》 중에서

| 차례 |

역자 서문　　　　　　　　　　　　　　　　　5

I. 파우스트 (Faust)

제1장. 신성한 불협화음　　　　　　　　　　21

제2장. 구도자의 슬픔　　　　　　　　　　　32

제3장. 구도자의 슬픔 (계속)　　　　　　　　43

제4장. 사탄에게 영혼을 팔다　　　　　　　　54

제5장. 사탄에게 영혼을 팔다 (계속)　　　　　65

제6장. 죄의 삶과 구원의 길　　　　　　　　　75

II. 파르지팔 (Parsifal)

제7장. 바그너의 신비스러운 악극　　　　　　92

Ⅲ. 니벨룽의 반지 (The Ring of the Nibelungs)

제8장. 라인의 여인들   133
제9장. 신들의 반지   144
제10장. 발퀴레   163
제11장. 구도자 지크프리트   182
제12장. 진리와 거짓의 전쟁   200
제13장. 환생, 그리고 치명적인 물   212
제14장. 신들의 황혼   224

Ⅳ. 탄호이저 (Tannhäuser)

제15장. 기쁨과 슬픔의 시계추   244
제16장. 음유시인, 중세시대의 입문자   256
제17장. 용서받을 수 없는 죄   267
제18장. 싹을 틔운 지팡이   279

Ⅴ. 로엔그린 (Lohengrin)

제19장. 백조의 기사   294

Ⅰ. 파우스트 (Faust)

〈파우스트와 메피스토펠레스〉

괴테의 《파우스트》 줄거리 요약

제1부

파우스트 제1부는 천국에서 시작된다. 천국을 찾아간 악마 메피스토펠레스가 신과 내기를 한다. 그는 신이 가장 사랑하는 의인, 파우스트를 유혹하여 정도正道에서 이탈하게 할 수 있다고 자신 있게 얘기한다. 신은 메피스토펠레스에게 파우스트를 시험해도 좋다고 허락한다.

다음 장면의 배경은 파우스트의 서재다. 평생 과학, 철학, 종교를 공부했지만 진리를 구하지 못한 파우스트가 좌절감에 빠져있다. 그는 마법으로 시선을 돌린다. 하지만 마법으로도 신통한 결과를 얻지 못한다. 그가 자살을 결심한 순간, 창밖에서 부활절을 기념하는 주민들의 노래 소리가 들려온다. 그는 마침 집을 찾아온 조수 바그너와 함께 거리로 나가 산책을 한다. 산책을 마치고 돌아오는 길에 개 한 마리가 파우스트를 따라 그의 집으로 들어온다.

파우스트의 서재에 들어온 개가 메피스토펠레스로 둔갑한다. 파우스트는 그와 계약을 맺는다. 파우스트가 세상에 머무는 동안 메피스토펠레스가 그의 모든 소원을 들어주고, 파우스트가 죽은 후에는 메피스토펠레스가 그의 영혼을 지옥으로 데려가도 좋다고 약속한 것이다. 계약서에는 파우스트가 행복감에 젖는 순간, 죽게 될 것이라는 조항이 추가되었다.

메피스토펠레스가 피로 계약서에 서명할 것을 요구하자 파우스트는 자신의 말과 명예를 의심한다며 불만을 표시한다. 하지만 메피스토펠레스는 끝내 그를 설득하고, 파우스트는 그의 요구대로 자기의 피 한 방울로 계약서에 서명한다.

메피스토펠레스의 인도하에 파우스트는 마가레테라는 여인을 만나게 된다. 파우스트는 그녀에게 매력을 느끼고, 메피스토펠레스는 보석과 마르테라는 이웃을 이용해 그녀와 파우스트의 만남을 주선한다. 메피스토펠레스의 도움으로 마가레테를 유혹하는 데 성공한 파우스트는 그녀와 단둘이 만나기 위해 수면제가 든 약병을 그녀에게 건넨다. 그녀의 어머니가 마시게 하기 위함이다. 하지만 약병 안에는 독이 들어 있었고, 독을 마신 마가레테의 어머니는 죽는다. 마가레테는 파우스트의 아이를 배고, 분노한 그녀의 오빠 발렌틴은 파우스트에게 결투를 신청한다. 파우스트는 이번에도 메피스토펠레스의 도움으로 결투에서 승리하고, 발렌틴은 죽으면서 마가레테를 저주한다. 이성을 잃은 마가레테는 갓 태어난 파우스트의 아기를 익사시키고, 그 죄로 사형 선고를 받는다. 파우스트는 감옥에 갇힌 마가레테를 구출하려 시도하지만, 그녀는 탈옥을 거부한다. 파우스트와 메피스토펠레스가 단념하며 감옥을 떠날 때, 하늘에서 마가레테가 구원을 받았다는 음성이 들려온다.

제2부

1808년에 발표된 1부와는 달리, 파우스트 제2부는 괴테가 사망한 해인 1832년에 출간되었다. 제2부는 작은 요정들로 가득한 들판에서 깨어난 파우스트가 다양한 모험을 경험하는 독립적인 이야기들로 진행된다. 2부는 다섯 개의 막으로 구성되어 있다. 비록 메피스토펠레스의 꾀임으로 실수도 많이 저질렀지만, 기본적으로 타인을 위해 헌신하는 삶을 살았던 파우스트는 앞을 볼 수도 없는 노년에 이르러 행복감에 젖는다. 내기에서 이겼다고 확신한 메피스토펠레스는 그의 영혼을 수거하기 위해 악령들을 풀지만, 천사들이 나타나 한바탕 전투가 벌어진다. 천사들이 뿌린 장미꽃잎의 향기에 악령들이 취해있는 사이, 천사들은 파우스트를 구출한다.

주요 등장인물 (제1부 기준)

- 하인리히 파우스트 (Heinrich Faust): 학자, 구도자.

- 메피스토펠레스 (Mephistopheles): 악마.

- 마가레테 (Margarete): 파우스트가 사랑하는 여인. 그레트헨Gretchen 으로 불리기도 한다.

- 마르테 (Marthe): 마가레테의 이웃.

- 발렌틴 (Valentin): 마가레테의 오빠.

- 바그너 (Wagner): 파우스트의 조수.

제1장. 신성한 불협화음

'파우스트'라는 이름을 들은 대다수 지식인은 샤를 구노[1]의 오페라부터 머릿속에 떠올린다. 그런데 이 오페라의 음악을 사랑하는 애호가는 많지만, 내용에 대해 큰 감명을 받는 사람은 그리 많지 않은 것 같다. 그저 쾌락을 탐하는 한 남자가 순수하고 결백한 젊은 여인을 배반하고, 버림받은 여인이 남을 함부로 믿은 실수에 대해 속죄하는 뻔한 줄거리이기 때문이다. 중간중간에 가끔 등장하는 마법의 요소 역시 지루하고 평범한 일상에 양념을 추가하기 위한 작가의 유치한 시도로밖에 보이지 않는다.

마지막 장면에서 메피스토펠레스[2]가 파우스트를 지하세계로 인도하고 마가레테가 천사들의 호위를 받으며 천국에 이르는 장면은 판에 박힌 도덕적 가르침이 담긴 해피엔딩처럼 여겨진다.

---

1) Charles Francois Gounod (1818 ~ 1893). 프랑스의 작곡가. 대표작 《아베 마리아 Ave Maria》, 오페라 《파우스트》.
2) Mephistopheles. 괴테의 《파우스트》에 등장하는 악마의 이름.

구노의 오페라가 괴테[3]의 연극을 바탕으로 하고 있다는 사실을 아는 사람은 그리 많지 않다. 두 파트로 구성된 괴테의 작품을 공부한 사람은 오페라의 내용과 책에서 전하는 메시지가 완전히 다르다는 것을 잘 알고 있을 것이다. 깨달음을 얻은 소수의 신비주의 입문자[4]만이 괴테의 파우스트에서 영적 동지를 발견하고 그 안에 담긴 원대한 우주적 가르침을 인식할 수 있다.

파우스트의 이야기는 인류 역사 초기까지 거슬러 올라갈 정도로 오래된 전설이다. 괴테는 옛 전설에 신비주의적 색채를 덧입혀 오늘날의 큰 사회문제 중 하나인 프리메이슨[5]과 기독교의 갈등을 묘사했다. 이 주제에 관해서는 《프리메이슨과 기독교[6]》에서 소상히 다룬 바 있다.

---

3) Johann Wolfgang von Goethe (1749 ~ 1832). 독일의 작가, 정치가. 대표작 《파우스트Faust》, 《젊은 베르테르의 슬픔The Sorrows of Young Werther》, 《빌헬름 마이스터의 수업시대Wilhelm Meister's Apprenticeship》, 《친화력Elective Affinities》, 《프로메테우스Prometheus》, 《이탈리아 여행Italian Journey》.
4) Initiate. 영적 깨달음에 이르는 여정을 개시한 사람, 또는 깨달은 자. 신비주의 학교에서는 일반적으로 성장 수준에 따라 구도자를 다음과 같이 나눈다: 입학 허가를 받은 학생accepted student, 제자disciple, 입문자initiate, 마스터adept.
5) Freemasonry. 고대의 석공들이 조직한 협동조합에 기원을 둔 신비주의 단체.
6) 《Freemasonry and Catholicism》. 저자가 1919년에 발표한 책.

나는 지금까지 집필한 일련의 저서에서 신화는 우주적 진리를 담고 있는 상징체계이며, 신화의 대중적 해석과 실제 의미는 완전히 다르다는 점을 여러 차례 강조해 왔다. 우리가 지능이 충분히 발달하지 않은 어린아이에게 그림책을 쥐여주며 단순한 가르침을 전수하듯이, 인류의 스승들도 역사 초기에 그림과 상징으로 구성된 신화의 매체를 이용하여 인간의 무의식에 중요한 메시지를 새겨 넣었다.

식물이 꽃을 피우기 전에 씨앗이 어두컴컴한 땅속에 묻혀야 하듯이, 인간은 의식 깊은 곳에 심어진 신화의 가르침 덕분에 가혹한 물질 세상에 살면서도 이상을 추구하고 초월하는 마음가짐과 자세를 유지할 수 있었다. 오랜 세월에 걸쳐 《파우스트》, 《파르지팔》 같은 전설과 신화가 인간의 의식 성장을 위한 발판을 준비해주지 않았더라면 인간의 하위 속성이 일찌감치 이상을 먹어 치웠을 것이다.

욥기[7]의 내용처럼 파우스트의 이야기 역시 셋[8]의 아들들과 루시퍼[9]가 천국에서 모이는 장면으로 시작한다. 마지막 장면의 배경도 천국이다. 무대 위에서 펼쳐지는 구노의 오페라와 괴테의 원작 연극이 내용 면에서 다르기 때문에 이번 장을 어떻게 진행해야 할지 많이 고민했다. 파우스트의 전설은 현시대를 살아가는 인류의 진화를 주제로 삼고 있다. 또한 셋과 가인[10]의 아들들이 세상에서 각자 맡은 바 소임을 수행하는 이야기도 다루고 있다.

나는 책을 쓸 때 될 수 있는 대로 주제에서 크게 벗어나지 않는 것을 철칙으로 삼고 있다. 능력이 닿는 범위

---

[7] 《Book of Job》. 구약성경에 포함된 책으로, 《파우스트》의 전설과 유사한 내용을 담고 있다.
[8] Seth. 가인, 아벨에 이어 아담과 이브 사이에서 태어난 세 번째 아들, 유대 족장들의 시조.
[9] Lucifer. 유대교 전설에 등장하는 타락 천사로, 흔히 사탄과 동일시되는 존재. 엄밀히 말하면 루시퍼는 인간의 야망을 자극하는 불같은 존재이고, 사탄은 인간의 행동을 방해하는 얼음 같은 존재다. 저자는 《파우스트》를 다루는 본 장에서 루시퍼와 메피스토펠레스를 혼용하고 있다.
[10] Cain. 아담과 이브 사이에서 태어난 첫째 아들. 동생 아벨Abel을 죽인 인류 최초의 살인자로 알려져 있다. 구약성경 창세기의 내용과는 달리, 유대교 신비주의 전통에 따르면 가인은 루시퍼의 편에 섰던 대천사 사마엘Samael과 이브 사이에서 태어났다고 한다.

내에서 최대한 집중력을 발휘하여 주제의 핵심을 독자들에게 정확하게 전달하고 싶기 때문이다. 하지만 때에 따라서는 본래의 주제에서 잠시 벗어나 진짜로 중요한 내용을 다뤄야 할 필요가 있으며, 파우스트의 이야기도 이런 사례에 해당된다. 원칙을 곧이곧대로 지키기 위해 프리메이슨과 기독교의 대결 구도를 중심으로 이야기를 진행하다 보면 이 작품에 담긴 중요한 진리, 즉, 인간의 영혼을 펼치는 대역사와 관련된 내용을 다루기 위해 자꾸 처음으로 돌아가야 한다는 단점이 있다. 따라서 이번 장에서는 구노의 오페라보다는 괴테의 연극을 중심으로 설명을 풀어나가는 점을 양해해주기 바란다.

연극의 첫 장면에서는 행성의 영혼을 상징하는 하나님의 아들 세 명[11]이 우주의 위대한 건축가[12] 앞에서 고개를 숙이며 모든 생명과 사물을 창조한 그에게 찬사를 보낸다. 천상의 영혼이 노래한다.

"형제 천체들이 경쟁하듯 노래하는 중에도

---

11) 세 명의 대천사: 라파엘Raphael, 가브리엘Gabriel, 미카엘Michael.
12) Grand Architect of the Universe. 우주를 창조한 조물주를 의미한다.

태양은 변함없이 옛 선율을 울리네.

우레 같은 걸음으로

정해진 여정을 완주한다네."

현대 과학의 발전으로 인류는 실험실에서 빛의 파동을 소리로 변환시키는 데 성공했다. 고대의 신비주의자들이 주장했던 영적 현상을 비로소 물질계에서 입증한 것이다. 의식 수준을 상승시켜 구체적 사고의 영역[13]에 도달한 신비주의자들만 알고 있던 현상을 이제는 과학자들도 인지하게 되었다. 피타고라스가 최초로 언급했던 '천체의 음악[14]'의 개념이 허황된 상상의 산물도 아니고 정신 나간 사람의 헛소리도 아니었다는 사실이 밝

---

13) Region of Concrete Thought. 장미십자회의 가르침에 따르면 우주는 물질 세상Physical World에서부터 신의 세상World of God에까지 이르는 일곱 개의 세상으로 구성되어 있고, 이 중 생각의 세상World of Thought은 아래부터 세 번째 위치에 있다. 생각의 세상은 또 추상적 사고의 영역Region of Abstract Thought과 구체적 사고의 영역Region of Concrete Thought으로 나뉜다. 생각의 세상은 영spirit과 육body이 만나는 지점으로, 간단하게 설명해 추상적 사고의 영역에는 관념idea이 있고, 구체적 사고의 영역에는 원형archetype이 있다. 각 세상에 대한 상세한 설명은 저자의 대표작 《장미십자회의 우주 생성론The Rosicrucian Cosmo-Conception》에 나와 있다.

14) Music of the Spheres, Song of the Spheres, Musica Universalis. 천체들의 움직임이 조화를 이루며 음악을 만들어낸다는 고대의 철학 사상. 피타고라스의 일현금monochord도 우주의 하모니를 발견하기 위한 용도로 제작되었다.

혀진 것이다.

괴테는 진실을 말했다. 모든 별은 저마다의 음을 가지고 있으며, 다양한 속도로 태양 주위를 돌고 있다[15]. 이 많은 별이 원래 위치로 돌아오려면 약 26,000년[16]이라는 긴 세월이 흘러야 한다. 천상의 하모니는 시시각각 변하고 있으며, 그 영향을 받는 인간의 생각과 이상도 쉬지 않고 진화를 거듭한다. 천체들이 만들어내는 우주 교향곡에 맞춰 춤추는 행성들의 행진은 인간이 성장하는 여정을 상징하는 적절한 심볼이다.

하지만 중단 없이 흘러나오는 영원한 하모니가 기쁨을 안겨줄 것으로 착각해서는 안 된다. 제아무리 완벽한 하모니라도 끝없이 이어지면 견디기 어려운 단조로움으로 변한다. 중간중간에 불협화음이 끼어들지 않으

---

15) 태양이 우주의 중심이라는 것이 아니라, 지구의 관점에서 봤을 때 별들이 태양 주위를 도는 것처럼 보인다는 뜻이다.
16) Precession of the equinoxes, axial precession. 지구 자전축의 세차운동 주기는 대략 25,920년으로, 한 번의 주기가 완성되면 지구의 관점에서 보는 별들이 원래의 위치로 되돌아온다. 세차운동 때문에 대략 2,160년마다 별자리 기준으로 시대가 바뀌는 현상이 발생한다. '물고기자리 시대를 살고 있다'는 얘기는, 북반구의 관점에서 봤을 때 춘분에 태양이 물고기자리 성좌를 배경으로 뜬다는 것을 의미한다.

면 음악의 매력이 떨어진다. 작곡가가 불협화음을 악보에 직접 표시하지 않고 은밀하게 삽입했을 때 감상자의 귀를 즐겁게 해주는 최고의 걸작이 탄생할 수 있는 것이다. 천체의 음악도 마찬가지다. 신성한 불협화음이 존재하지 않으면 자기 성찰을 통해 진리를 깨우치고 참나를 발견하는 영적 성장을 이룰 수 없다.

그래서 욥기에서는 사탄을 신의 아들 중 한 명으로 상정하고 있고, 《파우스트》의 전반부에서도 신의 아들들이 모인 집회에 루시퍼가 배석하고 있다. 루시퍼는 완전무결한 천상의 하모니와 대조되는 불협화음을 음악에 삽입하는 역할을 한다. 가장 밝은 빛이 가장 어두운 그림자를 만들어내듯, 루시퍼의 목소리가 천상의 노래를 한결 더 아름답게 만드는 것이다.

신의 아들들이 위대한 건축가가 창조한 걸작품인 우주를 바라보며 찬사를 퍼붓는 와중에 루시퍼가 끼어들어 신의 피조물 중 으뜸인 인간을 비난하고 탓하며 볼멘소리를 낸다.

"태양과 세상에 대해서는 나도 불만이 없습니다.

인간들이 자학하며 괴로워하는 꼴이 볼썽사나울 뿐입니다.

그 세상의 작고 보잘것없는 신은

창조의 첫날 이후 지금까지 도무지 바뀐 게 없습니다.

신께서 그들에게 하늘의 밝은 빛을 비춰주지 않았더라면

삶에 대해 감사하는 마음을 더 가졌을지도 모릅니다.

인간은 그걸 이성이라 부르며 잘난척하지만

짐승보다도 야만적으로 살아가는 데 사용하고 있습니다."

구세대의 관점에서는 지금 하는 이야기가 신성모독으로 들릴지 모르겠지만, 더욱 성숙해진 현대의 관점에서는 '신'이라는 이름으로 불리는 최고 존엄도 매 순간 성장한다는 사실을 이해할 수 있으리라 생각한다. 신도 더욱 위대한 능력을 얻기 위해 노력할 수 있고, 순수한 영혼들이 더 많은 성장을 이룰 수 있도록 지금보다 더 나은 우주를 구상할 수 있다. 우주의 위대한 작가는 자신이 창조한 우주에서 발견된 흠을 꾸준히 보완하고 개선해나간다. "우리가 그를 힘입어 살며 기동하고[17]" 있

---

17) 신약성경 사도행전 17장 28절.

듯이, 루시퍼의 목소리(불협화음)도 그를 힘입어 나온다. 외부에서 누군가가 위대한 작가의 실수를 지적하고 개선을 요구하는 것이 아니라, 신성한 작가 스스로 자신이 만든 우주의 불완전성을 인지하고 계속 새롭고 나은 형태로 변환시키는 것이다.

성경에 따르면 욥은 완벽한 인간이었고, 파우스트 전설의 주인공 역시 신을 섬기는 일꾼으로 묘사되고 있다. 내면의 신성을 펼치고 큰 폭의 영적 성장을 이루는 과제의 수행은 세상에서 가장 의식 수준이 높은 의인이 이끌어야 하므로 이들이 제일 어려운 시험을 치르는 것은 자연스러운 일이라 할 수 있겠다. 진화와 성장의 수준이 상대적으로 낮은 보통 사람은 인류의 최선봉에 있는 파우스트와 욥이 앞서 걸었던 길을 따라가야 한다. 이들은 루시퍼의 말대로 일반 대중에게 바보천치, 괴짜 소리를 듣는 사람들이다.

"그자는 정말 특이한 방식으로 당신을 섬기고 있습니다.
그 바보가 먹고 마시는 것은 땅에서 난 것이 아닙니다.
부글부글 끓어오르는 충동이

그를 먼 곳으로 내몰고 있을 뿐입니다.
그는 자신의 바보짓을 반쯤은 의식하고 있습니다.
그는 하늘로부터는 가장 아름다운 별을,
땅으로부터는 최고의 기쁨을 요구합니다.
하지만 가까운 것과 먼 것 모두
요동치는 그의 마음을 만족시키지 못합니다."

의식 수준이 높은 사람에게는 성장하기 위해 보통 사람보다 더 큰 기회(고통)가 주어져야 한다. 그래서 신은 이렇게 대답한다.

"그가 지금은 혼란스럽게 나를 섬길지라도
나는 그를 곧 빛으로 인도할 것이다.
정원사는 작은 나무가 푸르러지는 것을 보고
꽃이 피고 열매가 달릴 것을 아는 법이니라."

제2장. 구도자의 슬픔

근육을 단련시키려면 통증을 유발하는 운동을 해야 하듯이, 도덕심을 강화하기 위해서는 유혹이라는 시험을 치르고 통과해야 한다. 유혹을 받은 인간의 영혼은 자유의지를 발휘하여 선택을 내린다. 옳은 선택을 할 수도 있고 옳지 않은 선택을 할 수도 있지만, 어느 경우든 교훈을 얻게 된다. 잘못된 선택으로 유혹에 넘어갔을 때 오히려 더 많이 배우는 사례도 많다. 따라서 욥기에서는 악마에게 욥을 시험하는 권한이 주어지고[18], 파우스트에서는 루시퍼가 신에게 다음과 같이 청한다.

"내기하시겠습니까?

그자를 제 것으로 만들 자신이 있습니다.

허락해 주신다면

[18) "사단이 여호와께 대답하여 가로되 욥이 어찌 까닭 없이 하나님을 경외하리이까. 주께서 그와 그 집과 그 모든 소유물을 산울로 두르심이 아니니이까. 주께서 그 손으로 하는 바를 복되게 하사 그 소유물로 땅에 널리게 하셨음이니이다. 이제 주의 손을 펴서 그의 모든 소유물을 치소서. 그리하시면 정녕 대면하여 주를 욕하리이다. 여호와께서 사단에게 이르시되 내가 그의 소유물을 다 네 손에 붙이노라. 오직 그의 몸에는 네 손을 대지 말지니라. 사단이 곧 여호와 앞에서 물러가니라." (구약성경 욥기 1장 9~12절)

그가 저를 따라오도록 해 보겠습니다."

이에 신이 대답한다.

*"좋다. 너에게 허락하노라!
이 영혼을 근원에서 이탈시켜
너의 뜻대로 함정에 빠트리고
낮은 곳으로 인도해 보아라.
하지만 선한 인간은 어둠 속에서도
올바른 길을 잘 알고 있음이라.
내 말이 옳은 것으로 드러나면 부끄러운 줄 알지어다!
가서 네 마음대로 하거라.
나는 너와 같은 무리를 미워해 본 적이 없느니라.
부정의 영 중에서
너 같은 장난꾸러기는 내게 아무런 부담도 되지 않느니라.
인간의 의지는 너무 나약하여
얼마 되지도 않아 단잠을 청하도다.
나는 그를 자극하고, 흥분시키고, 악마 짓을 부추기는
동반자를 붙여줄 것이다.*

그러나 너희들, 충실한 신의 아들들이여,
살아있는 아름다움을 마음껏 즐겨라!
영원히 살아있고, 성장하고, 진화하는 모든 것들,
사랑과 의무로 각자 무장할지어다."

 이렇게 이야기를 전개하기 위한 배경이 설정되고, 주인공 파우스트는 모든 구도자가 가야 하는 가시밭길 같은 여정에 던져진다. 다음 몇 구절에서는 시험(유혹)의 목적과 필요성에 관해 설명한다. 영혼은 신의 일부로, 순수하지만 도덕적이지는 않다. 도덕심은 인간이 시험을 받고도 신념을 저버리지 않고 올바르게 행동하거나, 유혹에 굴복한 후 정당한 대가를 치르고 잘못을 뉘우치며 새로운 사람으로 탈바꿈했을 때 얻어지는 미덕이다. 천국을 무대로 하는 파우스트 전설의 첫 장면을 보며 구도자는 용기를 얻을 수 있다. 세상이 고통과 슬픔으로 가득한 이유를 보여주고 있기 때문이다. 결국엔 우리가 성장하기 위한 시험인 것이다.

 장면이 바뀌고 어두컴컴한 서재에서 고뇌에 잠겨있는 주인공 파우스트가 등장한다. 그는 자기를 성찰하며 깊은 사색에 잠겨 있다.

"아아! 평생 철학과 법학과 의학,
그리고 신학마저도 공부하였건만,
이 바보는 전보다 나아진 게 하나도 없구나!
나는 인간의 발전을 위해, 의식의 상승을 위해 노력했다.
재산이나 돈을 위해 일하지 않았다.
세상의 명예와 영화를 위해 살지도 않았다.
평생 책을 파며 노력하였건만 원했던 것을 얻지 못했고,
이제는 마법에 의탁하고자 한다.
정령의 힘과 목소리를 통해
감춰진 비밀에 빛을 비출 수 있지 않을까?
그러면 모르는 것을 아는척하며
지껄일 필요도 없을 것이다.
나는 왜 아직도 이 암울한 감옥에 갇혀 있단 말인가?
이 칙칙하고 숨 막히는 빌어먹을 방에!
신성한 하늘의 빛마저도
뿌옇게 채색된 유리를 통과하는 곳!
일어나라! 드넓은 세계로 나가라!

노스트라다무스가 집필한 이 신비스러운 책이
나를 지도해 줄 것이다!
자연의 가르침을 듣고
별들의 운행을 깨닫게 될 것이다!
나의 영혼이 깨어나
자연과 교감하게 될 것이다!"

 진리를 구하기 위해 평생 공부했지만, 살아있는 진짜 지식을 얻지 못한 파우스트가 탄식하고 있다. 세상에서 접할 수 있는 지식은 결국 껍데기에 불과했던 것이다. 과학자는 신을 세상에서 불필요한 존재로 간주할 수 있다. 그는 모든 것을 화학적인 작용과 반작용으로 해석하려 든다. 최소한 과학자의 길로 접어든 초기에는 그런 사고방식으로 세상을 바라본다. 하지만 현상을 더욱 깊게 들여다보고 자연의 위대한 신비를 직접 체험하면서 결국에는 연구를 포기하거나, 모든 물질의 모든 원자 속에까지 편재하는 신을 믿을 수밖에 없는 순간에 도달하고 만다. 파우스트도 지금 그 시점에 와 있다. 그는 재산, 돈, 세상의 명예와 영화를 위해 일하지 않았다. 연구를 사랑하는 그는 노력을 아끼지 않았지만 결국에는 이 세상이 영적 세상이라는 사실을 깨닫게 되었고, 물질 세상의 책에서는 얻을 수 없는 진짜 영적 지식을 얻기 위해 마법에 의존하기로 마음먹는다.

그의 손에 있는 노스트라다무스의 책을 펼치자 대우주[19]의 심볼이 나타난다. 심볼에 담긴 힘이 그의 의식을 열고, 그가 그토록 추구하는 영적 세상의 일부를 살짝 드러내자 파우스트는 흥분을 감추지 못하며 기쁜 목소리로 외친다.

"아! 이것을 보니 갑자기
나의 모든 감각을 통해 즐거움이 흐르는구나!
새로운 기쁨의 황홀경, 성스럽고 강렬한 기운이
나를 통해 흐르는구나.

---

19) 大宇宙, Macrocosm. 고대인들은 인간이 오감으로 헤아릴 수 없을 정도로 거대한 우주를 신의 몸 또는 집으로 보았고, 인간은 우주의 축소판이라고 생각했다. 우주와 신은 워낙 크기 때문에 인간이 직접 이해할 수 없지만, 인간이 곧 광활한 우주의 작은 모형이기 때문에 자신을 알면 신과 우주도 알 수 있다는 것이 그들의 생각이었다. 고대 그리스의 델포이 신전에 새겨진 "나를 알면 우주와 신도 알 수 있다."는 문구가 이 개념을 의미한다. 큰 우주를 대우주라 부르고, 작은 우주를 소우주小宇宙, Microcosm라 부른다.

이제야 현자의 말씀을 알겠노라.

영의 세계는 열려 있도다.

너의 오관이 닫혀 있고,

너의 마음이 죽었기 때문에 보지 못할 뿐!

일어나라, 그대여!

아침노을 속의 빛으로

흙의 가슴을 말끔히 씻어내라!

살아있는 모든 것이 어우러져 전체를 이루고

하나가 다른 하나 속에서 움직이며 살고 있구나!

하늘의 힘이 오르내리며

황금 양동이를 주고받는구나!

축복의 향기 풍기는 날갯짓을 하며

하늘로부터 땅을 통과하고,

모든 것이 조화롭게 우주를 통해 울려 퍼지는구나!"

하지만 기쁨도 잠시, 운명의 시계추가 다시 반대 방향으로 움직인다. 맨눈으로 태양을 바라보면 망막이 상하듯이, 겁도 없이 영적 세상의 무한을 직접 바라보려 하면 순식간에 기쁨의 환희가 어둠의 절망으로 바뀐다.

〈서재 안의 파우스트〉

"이 무슨 장관인가! 그러나 그저 눈요기에 지나지 않으니!
무한한 자연이여, 내가 어떻게 그대를 잡을 수 있을까?
그대의 가슴이여, 그대의 샘이여!
하늘과 땅이 매달려 있고, 가슴 아픈 이들이 동경하는
그대, 모든 생명의 근원이여!
너는 유유히 흐르고 모두를 먹여주는데
나는 이렇게 부질없이 애타게 그리워해야만 하는가?"

고급 지식을 얻으려면 하위 지식부터 습득하는 것이 올바른 순서다. 육신과 물질 세상의 원리도 제대로 이해하지 못하면서 물질 너머의 영적 세상과 육신을 둘러싸고 있는 아우라에 대해 논한다는 것은 어불성설이다. *"너 자신을 알라."*는 격언은 최고의 가르침이다. 영적 성장의 사다리 끝에 안전하게 이르는 유일한 방법은 한 계단씩 오르는 것이다. 확실한 발판이 없는 상태에서 계단을 건너뛰려 하면 반드시 중심을 잃고 넘어지게 되어 있다. 많은 구도자들이 발을 헛디뎌 쓰러진 파우스트의 심정에 공감할 수 있을 것이다.

파우스트는 바보처럼 단숨에 사다리 끝에 도달하려

했다. 찰나의 순간에 영적 세상의 일부를 본 그는 절망했으나, 제대로 알기 위해서는 사다리 맨 아래부터 차근차근 올라야 한다는 사실을 아직 모르고 있다. 그래서 이번에는 성급하게 대지의 영Earth Spirit을 소환한다.

"너, 대지의 영이여, 내게 다가오고 있구나.
벌써 내 힘이 강해지는 것이 느껴지는구나.
용기가 솟아난다. 내 감히 세상으로 나아가
땅의 고통과 행복을 견디어내고,
사나운 폭풍과 천둥에 맞붙어 싸우리라.
부서지는 배의 흔들림 속에서도
겁내지 않는 용기를 발휘하리라.
내 머리 위의 구름이 달빛을 가린다.
어둠이 등불을 삼킨다.
연기가 피어오른다,
붉은 빛줄기가 내 머리 위에서 번쩍인다.
전율과 공포가 나를 엄습하는구나!
네 존재가 느껴진다.
내가 그토록 갈망하던 영아, 모습을 드러내라!

기꺼이 내 마음을 너에게 바치겠다!

나타나라! 나타나라! 내 목숨을 바치겠다!"

《장미십자회의 우주 창조론》과 가톨릭교회의 라틴 제례의식과 관련한 장미십자회의 철학을 통해 설명했듯이, '이름'은 '소리'다. 대상이 누구든, 이름을 정확하게 발성하면 그 이름으로 불리는 지성체에 강력한 영향을 미칠 수 있다. 신비주의 의식에서도 입문자가 각 단계에 이를 때마다 특정 진동의 영역에 거주하는 영혼들을 부르기 위해 사용하는 단어를 전수한다. 조음기tuning fork가 음의 진동에 반응하듯이, 파우스트가 대지의 영의 이름을 소리 내어 부르자 그의 의식이 열리면서 대지의 영을 영접하게 된다.

파우스트의 체험은 그만의 독특하고 희한한 이야기가 아니라 모든 구도자에게 일어날 수 있는 일이라는 점을 다시 한번 기억하자. 파우스트는 구도자를 상징하는 심볼이다. 나와 독자가 곧 파우스트이며, 우리도 성장하는 과정에서 언젠가는 대지의 영을 만나게 된다. 그리고 그의 이름을 부름으로써 그 안에 담긴 힘을 생생하게 체험하게 될 것이다.

제3장. 구도자의 슬픔 (계속)

《베들레헴의 별의 신비The Star of Bethlehem, a Mystic Fact》에서 나는 신비주의 입문 과정의 일부를 독자들에게 공개한 바 있다. 세상 사람 대부분은 자기가 발을 딛고 있는 지구를 죽은 흙덩어리 정도로만 여기는데, 입문 과정에서 제일 먼저 접하게 되는 진리가 바로 대지의 영의 실체다. 인간의 피부는 피부 아래의 오장육부와 비교했을 때 상대적으로 죽은 상태인 것처럼 보인다. 흙으로 뒤덮인 지구의 거죽도 겉으로는 죽은 것 같지만, 그 안에서는 놀라운 일들이 벌어지고 있다. 신비주의에 입문하는 학생은 아홉 개의 단계를 거치면서 진리를 감싸고 있는 껍질이 차례대로 벗겨지는 광경을 보게 되며, 그 중심에서 대지의 영을 직접 대면하게 된다. 대지의 영은 지구의 표면 아래에서 신의 자녀들이 잠재력을 발휘할 수 있도록 돕기 위해 매 순간 땀을 흘리며 고역을 치르고 있다. 육신으로부터의 해방을 갈구하는 모든 구도자가 목적을 달성해야 대지의 영도 인간의 보금자리 노릇을 하는 지구라는 육신으로부터 해방될 수 있다.

대지의 영이 파우스트에게 한 말은 아주 훌륭한 명상 주제다. 구도자가 인간의 의식 상승을 위해 땀을 흘리는 대지의 영을 처음 만났을 때 느끼는 기분을 신비스럽게 표현하고 있는 대목이기 때문이다.

"생명의 물결 속에서, 폭풍 속에서,
나는 위아래로 물결치며, 이리저리 흔들린다!
탄생과 무덤, 영원한 바다,
무상한 바람, 타오르는 생명,
그렇게 나는 시간의 베틀에 앉아
신성이 깃든 살아 있는 옷을 짜노라."

대지의 영을 '큰 인간' 쯤으로 해석해선 안 된다. 대지의 영은 지구를 육신으로 삼고 있는 지성체다. 그리스도 영[20]이 지상에 강림하기 전에 초점을 맞추었던 예수의 활성체[21]는 인간의 형태를 띠고 있었다. 그의 육

---

20) Christ Spirit. 기독교 신비주의 가르침에 따르면 예수Jesus, Son of Man는 육신을 가진 인간이고, 그리스도Christ, Son of God는 예수의 육신 안에 거한 영이다. 예수가 요르단 강에서 세례 요한John The Baptist에게 세례를 받는 순간에 그리스도 영이 예수의 몸 안으로 들어와 예수 그리스도Jesus Christ가 탄생했다.
21) Vital body. 맥스 하인델의 저서 《장미십자회의 우주 창조론》에 따르면 인간의 육신은 우리가 눈으로 보고 손으로 만질 수 있는 육체dense body 외에도

신(활성체)은 현재까지 보존되어 있으며, 입문 과정에서 접할 기회가 주어진다. 먼 훗날, 지구의 중심에 있는 그리스도 영이 세상으로 귀환할 때 예수의 활성체는 다시 쓰임을 받게 될 것이다. 그때가 되면 우리도 지금의 육체를 벗어 던지고 에테르를 의복으로 삼을 것이며, 그리스도는 우리보다 높은 차원으로 이동할 준비를 하고 인류는 기독교보다 상위에 있는 종교를 통해 아버지에 대해 더욱 깊게 배우게 될 것이다.

괴테는 메피스토펠레스가 파우스트 앞에 처음 나타나는 장면을 통해 *"영은 항상 들어왔던 문으로 나가야 한다."* 는 신비주의 진리를 전하고 있다. 파우스트는 지금 정상적인 입문의 과정을 밟고 있지 않다. 입문의 자격도 얻지 못했고, 스승의 도움도 받지 못한 상태에서 빠르고 쉬운 방법으로 진리를 구하고 싶은 마음에 엉뚱한 문을 두드리는 중이다. 그래서 대지의 영으로부터 퇴짜를 맞고, 진리를 구했다는 기쁜 마음이 든 순간에

활성체vital body, 열망체desire body, 정신mind 등으로 구성되어 있다. 활성체는 고체, 액체, 기체로 형성된 육체보다 상위에 있는 에테르ether로 구성되며, 총 4개의 단계로 나뉜다. 활성체는 에테르체etheric body라 불리기도 하며, 음식물의 흡수와 배설, 생식, 체온 유지와 혈액순환, 기억 등의 역할을 한다.

절망의 나락으로 떨어져 자신이 실패했음을 깨닫는다.

"흙을 이용하여 신의 형상대로 빚어진 나,
이미 자유로운 나,
영원한 진리를 목전에 두고 있다고 생각했다.
천국의 빛과 명료함 속에서 노닐며
땅의 아들이라는 거죽을 벗어버린 나.
천사의 것보다 위대한 내 자유로운 힘이
자연의 혈관을 통해 흐르고,
창조하면서 신성의 삶을 누린다고
감히 주제넘게 착각했던 나,
이제 어떻게 그 대가를 치러야 하나!
우레 같은 말 한마디가 나를 쓰러트리고 말았도다.
나는 감히 너에게 다가갈 수 없단 말인가!
나에게는 너를 끌어당길 힘은 있으나,
너를 붙잡을 힘은 없구나.
저 거룩하고 황홀한 순간에
나는 그렇게 작게, 그렇게 크게 느꼈다.
너는 불확실한 인간의 운명 속으로

나를 다시 던져버렸다.
이제 누가 날 가르칠 것인가?
나는 이제 어떻게 해야 한단 말인가?"

진리의 모든 원천이 사라졌다고 판단한 파우스트는 이제 진짜 지식을 구할 방도가 없다고 생각한다. 그래서 보통 사람처럼 평범하고 지루하게 사느니 차라리 죽는 게 낫겠다는 심정으로 독극물이 든 약병을 손에 쥐는데, 들이키려는 순간 부활한 그리스도를 찬양하는 노래가 창밖에서 들려온다. 성스러운 노래를 들은 파우스트는 일말의 희망을 품는다. 마침 이때 그의 친구 바그너가 문을 두드리며 정적을 깬다.

바그너와 함께 걸으며 파우스트는 높은 이상을 추구하는 경건한 마음과 낮은 곳으로 추락하려 하는 본능 사이에서 갈등하는 모든 구도자의 심경을 친구에게 토로한다. 지고한 목적의식 없이 물질에 파묻혀 살면 마음의 평온을 구할 수 없다. 하지만 영의 부름을 잠시나마 인지한 후에도 평정심이 깨지며, 성배를 구하려는 마음이 강할수록 내면의 갈등도 심해진다. 사도 바울[22]은 육신의 저급한 욕망과 영의 열망 사이에서 갈등하며 자신을 '곤고한 사람'이라 칭했다[23]. 파우스트도 지금 이와 비슷한 심정으로 괴로워하고 있다.

> *"두 개의 영혼이 내 가슴 속에서 싸우고 있네.*
> *서로 내 마음을 차지하려고 힘을 겨루고 있다네.*
> *하나는 야망의 땅에 남아*
> *관능적인 것을 탐하려 하고,*
> *다른 하나는 속세의 안개를 넘어*
> *신성하고 거룩한 영역으로 상승하고자 하네."*

하지만 깨달음에 이르는 길에는 왕도가 따로 없고, 모든 구도자가 각자 혼자서 평온의 경지를 향해 나아가야 한다는 사실을 아직 모르고 있는 파우스트는 정령들의 도움으로 영혼의 힘을 얻을 수 있다고 착각한다.

---

22) Paul the Apostle, Saint Paul. 그리스도의 가르침을 널리 전파한 서기 1세기의 사도. 신약성경을 구성하는 27권의 책 중 14권이 사도 바울의 작품인 것으로 알려져 있다.

23) "내 지체 속에서 한 다른 법이 내 마음의 법과 싸워 내 지체 속에 있는 죄의 법 아래로 나를 사로잡아 오는 것을 보는도다. 오호라 나는 곤고한 사람이로다. 이 사망의 몸에서 누가 나를 건져내랴." (신약성경 로마서 7장 23~24절)

"하늘과 땅 사이를 오가며 지배하는 정령들이여,
황금빛 안개에서 내려와
나에게 새롭고 다채로운 삶을 보여다오!
내게 마법의 외투가 있어서,
나를 미지의 세계로 데려다줄 수 있다면,
어떤 고귀한 의복과도,
어떤 제왕의 외투와도 절대 바꾸지 않으리라!"

파우스트처럼 밖에서 의지할 곳을 찾는 사람은 실망하는 운명을 피할 수 없다. *"하나님의 아들이어든 자기를 구원하라.*[24]*"* 는 성경의 말씀은 우주의 법칙이며, 서양의 신비주의 학교에서도 모든 구도자가 자립심을 기본 덕목으로 삼고 계발할 것을 요구한다. 학생은 스승에게 기댈 수 없으며, 리더를 맹목적으로 따르는 것도 일절 금지된다. 장미십자가 형제단 The Brothers of the Rose Cross 은 단체를 찾아오는 영혼들이 속박에서 해방되도록 돕는 것을 목표로 하고 있다. 그들을 교육하고 영적 힘을

---

24) "가로되 성전을 헐고 사흘에 짓는 자여, 네가 만일 하나님의 아들이어든 자기를 구원하고 십자가에서 내려오라 하며." (신약성경 마태복음 27장 40절)

길러 줌으로써 함께 일할 수 있는 동료로 탈바꿈시키는 것이다. 세상에 자선가는 많지 않다. 스승에게 내가 나아가야 할 길을 가리켜주는 것보다 많은 것을 요구하는 학생은 반드시 실망하게 된다. 아무리 뛰어나고 훌륭한 스승이라 하더라도 제자의 영적 성장을 위해 필요한 선행을 대신해 줄 수 없고, 성장을 통해 얻는 힘을 나눠줄 수도 없다. 스승이 내 밥을 대신 먹는다고 해서 내가 배부를 수는 없는 법이다. 구도자 파우스트가 정령을 소환하자 누군가 나타나기는 했지만, 그는 파우스트가 원했던 스승이 아니라 바람직하지 않은 속성을 가진 정령, 루시퍼였다. 파우스트가 정령의 이름을 묻자 루시퍼가 대답한다.

"항상 악을 꾸미는 부정의 영이자,
항상 선을 위해 일하는 힘의 일부분이지요."

나의 욕망을 채워줄 수 있다고 말하는 사람 또는 정령은 거의 항상 숨은 저의를 품고 있다. 이 대목에서 다양한 영적 현상의 배후에 있는 우주 법칙과 관련한 내용이 나온다. 이 법칙은 그리스도가 장차 육체가 아닌 활성체의 형태로 재림할 것이라는 장미십자회와 성경의 독특한 가르침의 배경이기도 하다. 이 법칙을 통해 왜 그리스도가 재림해야 하는지도 이해할 수 있다. 따라서 다음 내용을 주의 깊게 읽고 음미해보기 바란다.

파우스트의 정신 상태에 이끌린 루시퍼는 그를 따라 서재로 들어간다. 서재의 문 안쪽 바닥에는 별 문양이 그려져 있는데, 두 뿔에 해당하는 부분(두 다리)이 문을 향하고 있다. 일반적으로 영혼은 인간이 태어나기 전에 머리를 통해 태아의 몸으로 들어가며, 육신이 죽을 때도 머리로 빠져나온다. 뇌하수체pituitary body 안에서 성 에너지를 영혼의 에너지로 변환하는 방법을 익힌 보이지 않는 조력자들[25] 역시 머리를 통해 육신 안으로 들어가고 나온다. 따라서 뿔 하나(머리)가 위를 향하고 있는 별 문양은 자연과 조화를 이루며 일하는 구도자를 상징한다. (☆)

---

25) Invisible Helpers. 신지학협회Theosophical Society에서 활동했던 영국의 작가, 연사, 철학자 찰스 W. 레드비터Charles W. Leadbeater가 지어낸 표현으로, 눈에 보이지 않는 영적 세상에 머무르면서 인간을 돕는 존재들을 지칭한다.

영혼도 없고 영혼의 힘도 없는 흑마법사도 성 에너지를 활용한다. 하지만 그는 두 발을 거쳐 성기에서 튀어나온 탯줄을 통해 육신을 드나든다. 따라서 두 뿔이 위를 향하고 있는 별 문양은 흑마법을 상징한다. (⛧) 루시퍼는 두 다리를 통해 별 어려움 없이 파우스트의 서재에 입장하지만, 밖으로는 자유롭게 나가지 못한다. 머리에 해당하는 하나의 뿔이 그의 길을 가로막고 있기 때문이다. 그가 별 문양을 치워달라고 요청하자 파우스트가 말한다.

"저 오각형 별이 너를 괴롭힌다고?
그럼 말해보아라, 지옥의 아들아.
저 별이 너를 구속한다면, 어떻게 들어왔단 말이냐?
너 같이 교활한 정령이 어떻게 속았단 말이냐?
창문으로 나가면 되지 않느냐?"

이에 루시퍼가 대답한다.

"악마와 귀신이 따라야 하는 법칙이 하나 있습니다.
반드시 숨어들어온 곳으로 나가야만 한다는 겁니다.

들어갈 때는 자유지만, 나갈 때는 노예가 되는 셈입니다."

서기 33년 이전까지는 여호와[26]가 지구 밖에서 행성의 운행과 인류의 진화를 지도했다. 하지만 골고다[27]의 언덕에서 십자가형을 받은 그리스도가 지구 내부로 들어간 이후부터는 그가 인류를 이끌고 있다. 충분히 많은 수의 구도자가 영혼의 힘을 계발하고 육신으로부터 탈출하여 동생 영혼들을 지도할 수 있는 날이 오기 전까지는 그리스도가 계속 그 임무를 수행할 것이다. 구도자들이 리더 역할을 하기 위해서는 공중부양이 가능한 활성체를 의복으로 삼을 수 있는 경지에 이르러야 한다. 그리스도는 지구에 오기 위해 예수의 활성체를 활용했고, 태양으로 복귀할 때도 예수를 거쳐야 한다. 따라서 그리스도의 재림은 반드시 예수의 활성체를 통해 이루어질 것이다.

---

26) Jehovah. 구약성경에 등장하는 이스라엘 민족의 신의 이름. 신의 일곱 이름 중 하나인 Tetragrammaton. 나머지 여섯 이름은 다음과 같다: 엘El, 엘로힘Elohim, 엘로아Eloah, 엘로하이Elohai, 엘 샤다이El Shaddai, 체바오트Tzevaot.

27) Golgotha. 예수 그리스도가 십자가형을 받았던 언덕으로, '해골이 묻힌 곳'이라는 뜻이다. 유대교 전설에 따르면 대홍수가 그친 후, 노아가 이 곳에 아담의 유해를 매장했다고 한다.

제4장. 사탄에게 영혼을 팔다

파우스트의 전설에는 구도자 영웅이 다양한 종류의 정령과 만나는 흥미로운 상황이 여러 차례 등장한다. 선량한 파우스트의 영혼은 본능적으로 상위 정령들에게 이끌린다. 자애로운 대지의 영과 동질감을 느낀 파우스트는 그를 잡아두고 계속 가르침을 받지 못한다는 사실을 아쉬워한다. 반면 그에게 기꺼이 가르침을 전수하고 섬길 준비가 되어 있는 부정의 영Spirit of Negation을 대면한 후에는 마치 자기가 주인이라도 된 듯한 착각에 빠진다. 바닥의 별 문양 때문에 서재를 자유롭게 나서지 못하는 메피스토펠레스의 모습을 보며 우쭐한 생각이 든 것이다. 하지만 파우스트가 대지의 영으로부터 가르침을 받지 못하고 부정의 영을 다루는 상황에 처해진 것은 모두 우연히 발생한 사건들이었다. 정상적인 방법으로 성장하면서 얻은 영의 힘으로 이들을 대면한 것이 아니라는 얘기다.

인류의 영적 성장을 위해 고안된 또 하나의 위대한 우화, 《파르지팔》의 주인공은 성배를 모시는 성을 처음

방문했을 때 노 기사로부터 "어떻게 왔느냐?"는 질문을 받는다. 이에 파르지팔은 "모르겠습니다."라고 대답한다. 구체적이고 명확한 목적이 있어서가 아니라, 어찌어찌하다가 우연히 성소까지 오게 되었던 것이다. 인간도 의도하지 않았는데 비전 등을 통해 얼떨결에 영적세상의 일부를 엿보게 되는 경우가 간혹 있다. 목적의식 없이 성소에 입장한 파르지팔은 몬살바트[28]에 오래 머무르지 못하고 떠나야만 했다. 세상으로 다시 돌아가 삶을 체험하고 필요한 교훈을 얻어야 했기 때문이다. 많은 세월이 흐른 후, 성배를 구하느라 산전수전을 다 겪은 파르지팔은 지친 몸으로 다시 몬살바트에 입성한다. 하지만 "어떻게 왔느냐?"는 질문에 이번엔 이렇게 대답한다. "진리를 구하기 위해 고통받으면서 여기까지 오게 되었습니다."

이것이 바로 우연히 초 물질 영역에 거주하는 영과 대면하거나 자연의 법칙을 접한 사람과, 열심히 공부하고 삶에서 가르침을 실천하면서 자연의 비밀을 깨달

---

28) Mount Salvat, Montsalvat. 《파르지팔》 전설에서 성배를 모시는 성이 있는 곳. Mount Salvat은 '구원받은 산', '구원의 산'을 의미한다.

은 사람의 근본적인 차이다. 전자는 영의 힘을 지혜롭게 활용하는 방법을 모르기 때문에 무기력하고 언제든 사악한 자들에게 이용당할 수 있는 위험에 노출되어 있다. 하지만 후자는 자신이 가진 힘을 자유자재로 다스릴 수 있다.

파우스트는 인간의 심볼이다. 초기 인류는 루시퍼의 영과 여호와의 천사들로부터 지도를 받았다. 그리고 지금은 지구 안에 거하는 그리스도 영을 구세주로 따르며 그들의 이기적이고 부정적인 영향으로부터 해방되기 위해 몸부림치는 중이다. 바울은 그리스도가 나라를 세운 후, 아버지에게 바칠 것이라는 말로 인류의 진화를 암시했다[29].

하지만 파우스트는 이 자연의 섭리를 무시하고 처음부터 아버지인 대우주와 대화를 시도했다. 천상의 켄

---

29) "그러나 각각 자기 차례대로 되리니, 먼저는 첫 열매인 그리스도요, 다음에는 그리스도 강림하실 때에 그에게 붙은 자요, 그 후에는 나중이니, 저가 모든 정사와 모든 권세와 능력을 멸하시고 나라를 아버지 하나님께 바칠 때라."
(신약성경 고린도전서 15장 23~24절)

타우로스[30], 사수자리[31]의 심볼처럼 가장 높은 별을 향해 화살을 날렸다. 파우스트는 사다리 맨 아래부터 시작해서 차근차근히 한 계단씩 오르는 것으로 만족하지 못하고 있다. 지존으로부터 대답을 얻지 못한 파우스트는 한 단계 내려와 대지의 영으로부터 자문을 구했고, 대지의 영으로부터도 퇴짜를 맞는다. 선의 전사가 되기 위해서는 선을 관장하는 존재들의 규칙을 따라야 한다. 그래야만 진짜 문을 통과하여 입문할 수 있다. 사다리 꼭대기에서 바닥까지 추락한 파우스트는 서재 문 앞의 별 문양이 사악한 영을 사로잡은 것을 보고 엉뚱하게도 거래의 기회를 포착한다. 자기의 영혼을 사탄에게 팔기로 한 것이다.

하지만 파우스트는 부정의 영을 자기 의지대로 통제하기에는 너무 무지하기 때문에 루시퍼는 쉽게 장애물을 제거하고 함정에서 빠져나간다. 파우스트의 서재에

---

30) Centaur. 인간의 상체와 말의 하체를 가진 신화 속의 존재. 그리스의 영웅 아킬레스Achilles, 페르세우스Perseus 등의 스승이었던 케이론Chiron은 가장 지혜로운 켄타우로스로 알려져 있다.
31) Sagittarius. 황도대의 열두 별자리 중 하나로, 활을 쏘고 있는 켄타우로스의 모습으로 묘사된다.

서 탈출한 루시퍼는 다시 그를 찾아와 거래를 맺을 채비를 한다. 루시퍼는 파우스트의 인생이 새롭게 펼쳐지고 그의 모든 욕망과 소망이 이루어지는 환상을 보여주며 그를 유혹한다. 루시퍼가 자기와 거래할 용의가 있다는 사실을 눈치챈 파우스트는 대가에 관해 묻는다. 그러자 루시퍼가 대답한다.

"나는 이곳에서 당신의 시중을 드는 종이 되겠소이다.
당신의 지시에 따라 쉬지도 않고 멈추지도 않겠소이다.
하지만 우리가 저세상에서 다시 만나게 되면,
그때 당신은 내가 했던 것처럼 나를 섬겨야 합니다."

대답을 들은 파우스트는 계약 기간과 자신의 죽음에 관련해 루시퍼에게 조건을 내건다.

이상하게 여겨질지 모르겠지만, 파우스트가 루시퍼와 맺은 거래와 조항에서 진화의 기본적인 법칙을 발견할 수 있다. 인간은 끌어당김의 법칙Law of Attraction에 의해 이승에서든 저승에서든, 자기와 비슷한 존재에게 이끌린다. 물질 세상에 있는 동안 선을 섬기고 성장을 위해 노력하면 이 세상에서는 물론이고, 다음 세상에서도 나와 같은 수준의 영혼들과 어울리게 된다. 반대로 빛보다 어둠을 좋아하는 사람은 이승에서도, 저승에서도 어두컴컴한 지하에 거주하는 존재들 주변을 어슬렁거리게 된다. 누구도 피할 수 없는 법칙이다.

우리는 모두 신의 지침에 따라 일하는 성전 건축자들이다. 누구도 삶에서 주어진 책무를 피해갈 수 없다. 회피하면 강제로라도 가르침을 받게 되어있다. 성장의 길에는 휴식도 없고 평화도 없다. 삶의 목적을 뒷전으로 한 채 쾌락과 즐거움만 탐하면 얼마 가지 않아 저승사자가 문을 두드린다. 아무런 생각 없이 자신에게 할당된 시간을 낭비하고, 현재 상태에 만족하며 성장을 위한 노력을 게을리하면 존재의 의의가 없어지므로 가까운 시일 내에 죽음을 맞게 된다. 은퇴 후 오로지 그동안 모은 재산을 소비하고 즐기기 위해 사는 사람은 일반적으로 오래 살지 못한다. 반면 은퇴 후 새로운 일을 찾아 노년에도 열심히 활동하는 사람은 장수하는 경향이 있다. 생명의 불꽃을 꺼버리는 가장 효과적인 방법은 활동을 중지하는 것이다. 루시퍼의 제안과 파우스트가 내건 조건에서 이 자연의 법칙을 확인할 수 있다.

"내가 언제라도 편안하게 빈둥거리며 지내게 된다면,
그 시간이 오면 나를 얼마든 데려가도 좋다!
네가 아첨으로 나를 속이고,
나 스스로 만족하게 된다면,
네가 쾌락으로 나를 기만할 수 있다면,
그날이 나의 최후의 날이 될 것이다!
내가 현재의 순간에 만족하며,
'너 정말 아름답구나!
시간아, 그대로 멈추어다오!'하고 말한다면,
나를 끌고 내려가도 좋다!
나는 더는 미련을 갖지 않으리라!
그때가 되면 종을 울려도 좋다.
너는 나에게서 해방되리라.
멈춘 시계에서 손가락을 떼어도 좋다.
나의 시간은 그 순간에 끝나리라!"

루시퍼는 파우스트가 피로 계약서에 서명할 것을 요구한다. 파우스트가 그 이유를 묻자 루시퍼는 교활한 표정을 지으며 대답한다. "*피는 아주 특별한 물질이기 때문이오.*" 성경에는 "*육체의 생명이 피에 있다.*"고 기록되어 있다[32].

형성 초기에 불덩어리였던 지구가 응결의 과정을 거치며 단단해지던 무렵, 화성, 수성, 금성을 두르고 있던 아우라가 지구에 침투하였다. 이 행성들에서 온 영은 인간과 깊은 인연을 맺었다. 철은 화성의 상징[33]이며, 철과 피를 혼합하면 산화 작용이 일어난다. 즉, 영이 육신 안에 거하기 위해 필요한 내면의 열은 화성에서 온 루시퍼 영을 통해 제공된 것이다. 결국 루시퍼 영으로 인해 육신 안에 우리의 에고가 갇히게 된 것이다.

인간의 몸에서 추출한 피가 응고되면 그 안의 모든 입자가 다른 인간의 피와 전혀 다른 독특한 성질을 띠

---

32) "육체의 생명은 피에 있음이라. 내가 이 피를 너희에게 주어 단에 뿌려 너희의 생명을 위하여 속하게 하였나니, 생명이 피에 있으므로 피가 죄를 속하느니라." (구약성경 레위기 17장 11절)
33) 연금술의 일곱 행성과 일곱 금속의 관계는 다음과 같다: 토성(납), 목성(주석), 화성(철), 태양(금), 금성(구리), 수성(수은), 달(은).

게 된다. 따라서 한 인간이 다른 인간의 피를 취하면 그 안에 담긴 입자를 매개로 연결이 이루어진다. 피의 원리와 활용법을 아는 자는 상대방을 지배하는 힘도 가질 수 있다. 바로 그런 이유로 루시퍼가 파우스트에게 피의 서명을 요구한 것이다. 이름이 피로 적히면 상대의 영혼을 포로로 사로잡을 수 있기 때문이다.

그렇다! 루시퍼의 말대로 피는 아주 '특별한 물질'로, 백마법뿐 아니라 흑마법에서도 아주 중요하게 취급된다. 어떤 방향으로 쓰이든, 모든 지식은 인간의 활성체에서 나온 생명의 물질(성 에너지와 피)을 먹고 자란다. 양분을 섭취하고 자라지 않은 지식은 파우스트가 책으로만 습득한 지식처럼 힘도 없고 생명력도 없는 죽은 지식이다. 아무리 좋은 책일지라도 읽는 것만으로는 부족하다. 지식을 습득한 후, 삶에서 실천하고 체험하면서 교훈을 얻었을 때 비로소 진짜 가치를 지니게 되는 것이다.

하지만 지식의 활용에도 큰 차이점이 있다. 신성한 과학을 가르치는 학교에서 공부하는 입문자는 자신의 성 에너지와 혈관 속을 흐르는 하급 야망을 정화하고 변환시켜 영혼의 양식으로 삼지만, 흑마법을 공부하는 자는 흡혈귀처럼 타인의 성 에너지와 피해자의 혈관에서 추출한 불순한 피를 먹고 산다. 성배를 모시는 성에서는 순수한 정화의 피가 선을 섬기는 순결한 구도자를 위해 기적을 행한다. 하지만 헤롯의 성Castle of Herod에서는 관능을 상징하는 살로메가 인간의 야망을 부추기고 피를 들끓게 만드는 춤을 추었고, 순교한 세례자의 목에서 흐른 성스러운 피는 고통을 통해 성장하고 영의 힘을 얻는 과정을 두려워했던 겁쟁이들의 불순한 피를 정화했다[34].

남의 도움이라도 받아 빨리 힘을 손에 넣으려 하는 파우스트는 치명적인 위험까지 무릅쓰고 불장난을 한다. 요즘에도 '스승' 또는 '마스터'를 자처하며 인간의 저질스러운 욕망을 채워주겠다고 유혹하는 사기꾼에게 불나방처럼 달려가는 사람들이 많다. 이건 파우스트를

---

34) 신약성경 마가복음 6장 14~29절에 나오는 내용으로, 세례 요한에게 앙심을 품었던 헤롯의 왕비, 헤로디아Herodias가 딸 살로메Salome의 춤으로 왕을 유혹하여 요한을 참수한 이야기.

주인으로 섬기겠다고 꼬드기는 루시퍼의 세 치 혀에 넘어가는 것과 다를 바 없다. 하지만 이런 사기꾼은 어떤 영적 힘도 나눠줄 수 없다. 영의 힘은 꾸준히 인내하고 선을 행했을 때 내면에서 자연스럽게 우러나오는 것이다. 굉장히 중요한 개념이기에 다시 한번 강조한다.

제5장. 사탄에게 영혼을 팔다 (계속)

 흥분한 감정을 주체하지 못하는 파우스트가 피의 서명을 요구하는 루시퍼를 경멸의 눈빛으로 바라보며 말한다.

"내가 약속을 깨뜨릴까 염려할 건 없다!
나는 오히려 온 힘을 기울여
약속을 지키기 위해 노력할 것이다.
내가 너무 거창하게 말한 건지 모르겠다만,
나는 그저 너 정도 수준의 존재일 뿐이다.
위대한 정령은 나를 뿌리쳤고,
자연은 내 앞에 대고 문을 닫아버렸다.
사색의 실마리는 끊어졌고,
나는 이제 모든 지식에 염증을 느낀다.
이제 관능의 깊은 심연에 흠뻑 빠져
불처럼 타오르는 정열을 진정시켜 보자꾸나!
관통할 수 없는 마술의 베일 속에서
당장 갖가지 기적을 대령하도록 하라!"

선량한 영들로부터 멸시당했지만, 고급 지식과 진짜 힘을 손에 넣고 싶어 안절부절못하는 파우스트는 물불을 가리지 않을 기세다. 하지만 신이 서문에서 했던 말을 다시 떠올려보자.

"하지만 선한 인간은 어둠 속에서도
올바른 길을 잘 알고 있음이라."

파우스트는 진정한 구도자이며, 이런 사람의 영혼은 일시적으로 정도에서 탈선하더라도 반드시 원래의 길로 돌아와 성장을 지속하게 되어있다.

지금은 비록 더러운 진흙탕에 빠져 허우적대고 있지만, 파우스트의 다음 말에서 그의 순수한 이상을 확인할 수 있다. 파우스트가 원하는 것은 경험이다.

"내가 바라는 것은 즐거움이 아니다.
나는 도취경에, 고통스러운 쾌락에, 사랑의 증오에,
기분을 상쾌하게 하는 불쾌함에 빠져보고 싶다.
지식에 대한 욕망으로부터 자유로워진 내 가슴은
앞으로 어떠한 고통도 피하지 않고,

온 인류에게 주어진 것을
내면의 자아 속에서 누리고,
가장 높고 가장 깊은 것을 깨닫고,
인류의 행복과 슬픔을 내 가슴에 채워 넣고 싶다."

 진심으로 연민의 정을 품을 수 있으려면 파우스트처럼 영혼의 깊은 슬픔도, 황홀한 기쁨도 두루 경험해봐야 한다. 감정의 양쪽 극단까지 경험하고 알아야만 장차 인류의 의식 상승에 기여할 사람들에 대해 연민을 느낄 수 있기 때문이다. 파우스트는 루시퍼의 도움으로 기쁨과 슬픔을 모두 체험한다. 그래서 루시퍼가 자신을 다음과 같이 묘사했던 것이다.

 "항상 악을 꾸미는 부정의 영이자,
 항상 선을 위해 일하는 힘의 일부분이지요."

 루시퍼 영이 인류의 진화에 개입하면서 인간은 야망에 눈을 떴고, 그 야망이 날이 갈수록 눈덩이처럼 커지면서 온 세상은 큰 슬픔과 아픔에 잠기게 되었다. 하지만 동시에 인간의 개성이 깨어나고 천사들의 꼭두각시

끈에서 벗어나는 계기가 마련되기도 했다. 파우스트는 루시퍼의 도움으로 전통의 굴레에서 벗어나고 자아를 찾게 된다. 파우스트와 루시퍼의 계약이 맺어진 순간, 《프리메이슨과 기독교》에서 설명했던 가인의 아들들(루시퍼 영의 자손)이 부활한 것이다.

파우스트의 비극에서 마가레테는 프리메이슨 전설에 등장하는 사제계급, 즉, 셋의 아들들의 비호를 받는 인간을 상징하는 심볼이다. 두 그룹을 각각 상징하는 파우스트와 마가레테의 만남으로 인생의 비극이 드라마처럼 펼쳐지고, 두 사람은 그 슬픔을 통해 영혼에 날개가 더해져 고향인 천국으로 돌아가는 힘을 얻게 된다. 다시 줄거리로 돌아가서, 다음에는 루시퍼가 파우스트를 마녀의 부엌으로 데려가 젊음의 영약을 구해다 주는 장면이 나온다. 파우스트가 회춘하여 활력을 되찾고 나면 마가레테의 눈에 더욱 매력적인 남자로 비칠 수 있으리라는 것이다.

오페라 《파우스트》에서는 마법에서 사용되는 각종 도구가 마녀의 부엌을 장식하고 있다. 지옥의 불이 사랑의 묘약을 끓이는 가마솥을 빨갛게 달구고 있고, 그 외에도 여러 기상천외한 광경이 연출된다. 부엌에 비치된 물건들은 큰 의미가 없으므로 따로 언급할 필요가 없지만, 인류의 진화를 상징하는 원숭이 가족에 대해서는 잠시 짚고 넘어가는 것이 좋을 것 같다.

루시퍼 영 또는 타락 천사들이 주입한 야망에 중독된 인류는 여호와가 이끄는 천사들의 품에서 탈출했다. 그 후 모든 것을 단단하게 응고시키는 욕망의 힘에 의해 인간은 '가죽옷'을 걸치게 되었고[35], 하나였던 상태에서 수많은 개체로 분리되었다. 인간이 물질주의의 늪에 빠지면서 에고티즘이 형제애를 대체한 것이다. 개체로 분리된 인간 중에서 유난히 욕망이 강했던 사람들은 결정화結晶化, crystallization가 상대적으로 더 많이 진행되어 유인원으로 전락했다. 개체 수가 줄어들면서 이들은 멸종 위기에 처하게 되었고, 지금은 루시퍼 영의 각별한 보호를 받고 있다. 파우스트의 이야기에는 이처럼 프리메이슨 전설에도 나오지 않는 인류 진화의 한 대목이

---

[35] "여호와 하나님이 아담과 그 아내를 위하여 가죽옷을 지어 입히시니라." (구약성경 창세기 3장 21절)

등장하며, 인류의 역사 초기에 어떤 일들이 있었는지에 대해 더욱 완전하고 포괄적으로 설명하고 있다.

한때 인류는 현대의 과학자들이 지금까지도 찾아 헤매고 있는 '잃어버린 고리The Missing Link'의 상태에 있었다. 이들 중 오늘날의 인간(호모 사피엔스)으로 진화하지 못한 자들은 퇴보하여 유인원이 되었다. 물질의 유혹에 빠져 탐욕을 부리는 사람이 어떻게 망가지는지 우리는 잘 알고 있다. 우주 에너지의 직접적인 영향 하에 있던 초기 인류가 처음으로 자아를 의식하고 개성을 가지기 시작할 무렵, 우리 조상들이 이 거대한 변화에 어떻게 반응했을지 한번 상상해 보자. 현대인처럼 어느 정도 자아의식을 발전시키고 필요할 때 방패로 삼을 줄 몰랐던 그들은 우리보다 더 속수무책으로 당했을 것이고, 그 결과도 더욱 참혹했을 것이다.

모든 구도자는 언젠가는 파우스트처럼 마녀의 부엌에 입장하여 원숭이가 상징하는 악의 대가가 무엇인지 똑똑히 보고 배워야 한다. 그리고 정원에서 마가레테를 만나 그녀를 유혹하고, 루시퍼로부터 유혹도 당하고,

순수와 야망 사이에서 갈등하고, 파우스트처럼 굴복하거나 파르지팔처럼 꿋꿋하게 순수함을 지켜내는 체험을 한 후, 육신을 가진 존재로서 취한 행동에 따라 보상 또는 형벌을 받아야 한다. 루시퍼가 파우스트에게 말하듯이 행운은 업적의 쌍둥이이며, 진정한 지혜는 꾸준한 인내와 선행을 통해서만 얻어질 수 있다.

> *"저 바보들은 업적과 행운이 서로 얽혀 있다는 사실을*
> *끝내 깨닫지 못하는구나.*
> *저들이 현자의 돌을 가졌다 할지라도,*
> *그 돌에 현자는 없다."*

책 대신 삶을 공부하기로 한 파우스트는 마가레테의 집에 입장할 수 있도록 해 달라고 루시퍼에게 명령을 내리고, 루시퍼가 훔쳐 온 보석을 이용하여 그녀의 환심을 사는 작업을 개시한다. 마가레테의 오빠는 나라를 지키기 위해 전쟁터에 나가 있는 상황이고, 어머니는 파우스트의 선물을 어떻게 처리할지 고민하다가 교회의 사제를 찾아간다. 사제는 자기를 믿고 도움을 청하러 온 영혼의 안위보다 반짝반짝 빛나는 보석을 더 사랑하는 사람이다. 그는 진주목걸이를 손에 넣기 위해 자신의 신성한 책무를 등한시하고, 교회의 자녀를 위험으로부터 보호하기보다는 우상을 장식할 아름다운 보석을 얻는 일에 혈안이 되어 있다. 이를 간파한 루시퍼는 신속하게 많은 피와 영혼을 확보한다. 파우스트는 마가레테의 방에 들어가기 위해 어머니에게 수면제를 먹이도록 그녀를 유혹한다. 하지만 수면제 대신 독이 든 약병을 들이킨 마가레테의 어머니는 죽고, 오빠 발렌틴도 파우스트와의 결투 끝에 죽임을 당한다. 절망에 빠져 이성을 잃은 마가레테는 파우스트와의 밀회를 통해 태어난 갓난아기를 죽이고 사형 선고를 받는다.

"육체의 생명은 피에 있고", 덜 익은 과일의 씨앗은 과육에 단단하게 붙어 있다. 같은 원리로, 갑작스럽고 때 이른 죽음을 맞은 사람의 피는 육체에서 쉽게 분리되지 않는다. 예상치 못한 죽음은 대단히 큰 고통을 동반한다. 루시퍼 영은 이처럼 격렬하고 강한 감정을 양식으로 먹고 산다. 감정을 에너지원으로 섭취하는 과정

〈마르테에게 자신을 소개하는 메피스토펠레스〉

에서 제일 중요한 것은 감정의 종류가 아니라 강도다. 그래서 그들은 계속해서 인간의 저급 야망을 자극하여 밖으로 배출되는 에너지를 훔친다. 인류는 아직 기쁨과 사랑보다는 부정적인 감정을 더 강하게 표현하는 수준으로까지 밖에 진화하지 못했기 때문이다. 그래서 시도 때도 없이 전쟁을 선포하고 세상을 피로 물들이는 악행을 서슴지 않고 있지만, 이것도 장차 더 높은 이상과 의식 수준으로 진화하기 위해 거쳐야 하는 단계라고 볼 수 있다. 마가레테처럼 슬픔과 고통을 체험하고 가슴속에 품어야 비로소 영혼이 한 단계 위로 상승할 수 있기 때문이다. 악덕을 체험하면서 미덕의 소중함을 배우는 혹독한 교육이라 할 수 있겠다.

괴테도 이 진리를 이해하고 다음과 같이 썼다.

"슬픔에 젖어 빵 한 조각을 먹어보지 않은 자,
내일이 오길 기다리며,
눈물로 밤을 지새워보지 않은 자,
그는 아직 하늘의 힘을 모르는 사람이다."

제6장. 죄의 삯과 구원의 길

성경에 따르면 "*죄의 삯은 사망*36)"이며, 육신을 땅에 뿌리고 나서 부패를 수확하는 것은 자연의 이치다. 파우스트 전설의 마가레테가 상징하는 셋의 아들들처럼 음陰의 속성을 가진 사람이 죄를 짓고 얼마 가지 않아 대가를 치르는 것은 그리 놀랄 일이 아니다. 마가레테가 존속 살해로 신속하게 검거된 것에서 이 법칙의 작용을 볼 수 있다. 그녀를 보호할 수 있는 시간적 여유가 충분했음에도 불구하고 두 손 들고 충격받은 시늉이나 하며 책임을 저버린 교회의 모습은 태만과 게으름을 덮는 데만 급급한 현대 사회의 자화상이라 할 수 있겠다. 어찌 보면 교회에서 범행의 원인을 제공했다고도 볼 수 있다.

신부가 보석보다 자신이 지켜줘야 할 마가레테에 더 신경을 썼더라면 그녀의 비극적인 운명을 피할 수 있었는지도 모른다. 사랑하는 이를 잃어 슬퍼하기는 했겠지

---

36) "죄의 삯은 사망이요, 하나님의 은사는 그리스도 예수 우리 주 안에 있는 영생이니라." (신약성경 로마서 6장 23절)

만, 최소한 결백은 지킬 수 있었을 것이다. 하지만 영혼은 슬픔과 고통을 통해 자신의 실체를 발견한 후에 고향에 이르는 길로 다시 접어들 수 있다. 우리는 모두 하늘에 계신 아버지의 집에서 가출한 탕아들이다. 영적 세상으로부터 멀리 뛰쳐나와 물질의 늪에 빠져 다양한 경험을 쌓고 자아를 발견하고 있는 존재들이다.

절망의 구렁텅이에 빠진 사람은 비로소 부모(신)로부터 상속받은 유산을 이해하기 시작하면서 *"내가 일어나 아버지께 가리라.[37]"*고 외친다. 교회에 신도로 등록하여 활동하거나 책으로 신비주의 가르침을 공부한다고 해서 아버지의 집으로 돌아가기 위해 필요한 깨달음을 얻는 것은 아니다. 하지만 속세의 모든 것을 잃고, 몸도 아프고, 마가레테처럼 자유까지 구속되면 구세주와 가장 가까운 상태에 이르게 된다. 따라서 사회로부터 격리되어 감옥에 갇힌 마가레테는 꽃이 만발한 정원에서 파우스트를 만났던 순결하고, 아름답고, 순수한 마가레테보다 신에게 더 가까이 다가가 있는 상태다.

---

[37] "내가 일어나 아버지께 가서 이르기를 아버지여 내가 하늘과 아버지께 죄를 얻었사오니." (신약성경 누가복음 15장 18절)

물질 세상을 사랑하고 그 방식에 만족하는 자에게 그리스도가 전해줄 가르침은 없다. 속세의 사고방식에 물들어있는 자는 가르침을 전해도 알아듣지 못한다. 구세주의 말씀에는 한없는 부드러움이 담겨 있다. *"수고하고 무거운 짐진 자들아, 다 내게로 오라. 내가 너희를 쉬게 하리라.[38]"* 죄지은 영혼을 상징하는 마가레테는 독방에 외로이 갇혀 사회로부터 쓰레기 취급을 받는다. 그녀는 하늘에 시선을 고정하고 자신의 영혼을 위해 기도한다. 하지만 사탄은 최후의 순간까지 구도자를 유혹한다. 마가레테의 독방은 천국에 이르는 문과 지옥에 이르는 문에 동시에 연결되어 있다. 파우스트와 루시퍼는 그녀를 구출하기 위해 감옥을 찾아가 신념을 지키며 명예롭게 죽는 것보다는, 차라리 수치스러운 도망자가 되는 편이 낫다고 설득하며 그녀를 유혹한다. 하지만 그녀는 넘어가지 않는다. 루시퍼와 함께 누리는 삶과 자유보다는 감옥에 있다가 죽는 편이 낫다고 결단을 내린 것이다. 그녀는 결국 최후의 시험을 이겨내고 하나님의 왕국에 입성하는 자격을 얻는다.

---

[38] 신약성경 마태복음 11장 28절.

〈구원받는 마가레테〉

여호와의 종이자 셋의 후손이었던 솔로몬[39]은 자신과 그의 조상들을 창조한 신에게 속박되어 있었다. 하지만 훗날 예수로 환생한 후에는 물의 세례를 받으면서 옛 주인(여호와)을 떠나 그리스도 영을 영접했다. 셋의 아들들은 언젠가는 보호자의 품에서 벗어나 그리스도를 위해 싸워야 한다. 희생을 치르더라도, 심지어 목숨을 바치는 한이 있더라도 해야만 하는 일이다.

감옥에 갇힌 마가레테는 그리스도에 대한 믿음을 지켜내며 새로운 천국, 새로운 지구의 시민권을 획득하는 중요한 한 걸음을 앞으로 내디딘다. 반면 파우스트는 루시퍼 영과 상당히 오랜 시간을 함께 한다. 파우스트는 양陽의 속성을 지닌 가인의 아들이다. 그 역시 죄의 삯으로 죽음을 면치 못하는 운명이지만, 순수한 사랑과 노력으로 구원받을 가능성도 있다.

제2부에서 파우스트는 자신의 계략으로 인해 재앙을 맞은 마가레테의 운명을 보며 실의에 빠진다. 그는 책

---

39) King Solomon. 뛰어난 지혜로 이름을 날렸던 이스라엘의 왕. 다윗의 아들. 구약성경에 포함된 《잠언서Book of Proverbs》, 《전도서Ecclesiastes》, 《아가서 Song of Songs》의 저자로 알려져 있으며, 유대교와 기독교뿐 아니라 프리메이슨에서도 중요한 인물로 다뤄지고 있다.

임을 통감하며 구원에 이르는 가파른 오르막길을 걷기 시작한다. 그는 구원의 목표를 달성하기 위해 피의 계약으로 자신을 섬기게 되어 있는 루시퍼 영을 십분 활용하여 한 나라에서 정치적으로 중요한 지위에 오르게 된다. 일반적으로 가인의 아들들은 국정 운영에 소질이 있고, 셋의 아들들은 종교에서 두각을 나타내는 경향이 있다.

하지만 남 아래에서 하는 일에 만족하지 못한 파우스트는 루시퍼의 힘을 이용해 바다를 솟아나게 하여 땅을 일구고 직접 새로운 지구를 건설하는 작업에 착수한다. 그는 자기가 창조한 새로운 땅에서 자유로운 사람들이 평화를 누리고 이상을 추구하며 살아가는 유토피아를 꿈꾼다.

파우스트는 헬렌Helen이라는 여성과 사랑에 빠지면서 원대한 이상을 가슴에 품는다. 헬렌은 섹스와 야망에 대한 생각과는 거리가 먼, 지고하고 영적인 형태의 사랑을 상징한다. 개간작업이 진행되면서 바다 아래의 땅이 조금씩 떠오르는 동안 파우스트는 서서히 시력을 잃는다. 그의 시선이 물질 세상에서 영적 세상으로 옮겨 가고 있기 때문이다. 자신의 지시에 따라 밤낮으로 일하는 루시퍼와 그의 부하들을 보며 파우스트는 루시퍼의 말이 현실화되었음을 깨닫는다.

"항상 악을 꾸미는 부정의 영이자,
항상 선을 위해 일하는 힘의 일부분이지요."

파우스트는 하위 정령들과의 작업이 완성에 가까워지는 모습을 지켜보지만, 시야는 갈수록 흐려진다. 구도자가 여정의 끝과 결실을 보기 갈망하듯이, 파우스트도 모든 과업이 완성되고 자신이 꿈꿔왔던 유토피아가 구현될 때까지 시력을 보존하고 싶어한다. 바다에서 땅이 솟아오르고 선량한 사람들이 그곳에서 형제처럼 행복하게 살아가는 모습을 확인한 후, 시력을 거의 완전히 상실한 파우스트는 루시퍼와 맺었던 계약의 조항을 읊조린다.

"내가 언제라도 편안하게 빈둥거리며 지내게 된다면,
그 시간이 오면 나를 얼마든 데려가도 좋다!

네가 아침으로 나를 속이고,
나 스스로 만족하게 된다면,
네가 쾌락으로 나를 기만할 수 있다면,
그날이 나의 최후의 날이 될 것이다!
내가 현재의 순간에 만족하며,
'너 정말 아름답구나!
시간아, 그대로 멈추어다오!' 하고 말한다면,
나를 끌고 내려가도 좋다!
나는 더는 미련을 갖지 않으리라!
그때가 되면 종을 울려도 좋다.
너는 나에게서 해방되리라.
멈춘 시계에서 손가락을 떼어도 좋다.
나의 시간은 그 순간에 끝나리라!"

계약서에 명시된 대로 파우스트가 이제 자기를 데려가도 좋다고 루시퍼에게 말하자 그에게 속박되어 있던 지옥의 정령들이 모두 풀려나고, 상황이 반전되어 그들이 파우스트를 잡아먹기 위해 달려온다. 이제 파우스트가 비참한 최후를 맞는 일만 남은 것처럼 보인다. 하지만 루시퍼가 노렸던 것과는 달리, 파우스트는 육신의 쾌락을 탐하거나 사적 욕망을 충족시키기 위해 비자연적으로 늘어난 수명과 힘을 오용하지 않았다. 어디까지나 이타적인 목적으로, 자신의 이상을 실현하기 위해 세상에 더 오래 머물고 싶었던 것이다. 따라서 그는 처음부터 루시퍼의 마수로부터 자유로웠다. 파우스트의 영혼을 둘러싸고 벌어진 전쟁에서 천사들이 루시퍼 영들을 무찌르고, 구도자의 영혼이 쉴 수 있도록 그리스도의 왕국으로 데려가며 노래한다.

"영적 세상의 고귀한 자가
악으로부터 구원되었도다.
항상 열망하며 노력하는 자,
우리는 그자를 구원할 수 있노라.
천국에서 받은 사랑의 은총까지도 그에게 있다면,
천사들의 무리가 그를 진심으로 환영하노라."

지금까지 살펴봤듯이 무대 위에서 펼쳐지는 오페라의 주인공 파우스트와 괴테가 글로 옮긴 파우스트 전설의 주인공은 전혀 다른 사람이다. 욥의 고난을 다룬 고대의 전설처럼 파우스트의 이야기도 천국을 방문한 루시퍼가 신으로부터 파우스트를 유혹해도 좋다는 허락을 받는 장면으로 시작하고, 파우스트가 끝내 유혹을 극복하고 그의 영혼이 천국에 계신 아버지로 돌아가는 장면으로 막을 내린다.

위대한 신비주의자 괴테는 문학 역사상 가장 신비스러운 시구로 파우스트의 이야기를 마무리한다.

"영원하지 않은 것은
한낱 그림자일 따름이다.
그곳에서 성취할 수 없는 일들도
여기서는 가능하다.
형언할 수 없는 것들도,
여기서는 이루어진다.
영원히 여성성이
우리를 이끌도다."

이 노래가 불리는 곳에 입장할 수 없는 사람, 즉, 천국을 모르는 사람은 이 시구를 이해할 수 없다.

"*영원하지 않은 것은 한낱 그림자일 따름*"이라는 말은 소멸과 변환을 피할 수 없는 물질 세상은 천국에 있는 원형의 그림자에 불과하다는 뜻이다. "*성취할 수 없는 일들도 이곳에서는 이루어진다.*" 지구에서는 불가능하게 여겨졌던 일들도 천국에서는 가능하다는 뜻이다. 천국에서 기능할 수 있는 사람은 그곳에서 지고하고 이상적인 모든 열망이 결실을 본다는 사실을 잘 알고 있다. 자기 자신에게조차 설명할 수 없는 영혼의 열망, 이상, 체험이 천국에서는 명확하게 정의된다. 우리를 성장의 길로 이끄는 영원한 여성성, 자연의 위대한 창조력, 어머니 여신이 그곳에서는 모두 현실이 된다. 결국 파우스트 전설은 세계 성전에 대한 이야기다. 두 부류의 인간(가인의 아들들과 셋의 아들들)이 짓고 있는 그 성전은 궁극적으로 성경에서 예언한 새로운 천국과 새로운 지구가 될 것이다.

# Ⅱ. 파르지팔 (Parsifal)

〈성배〉

《파르지팔》 줄거리 요약

제1막

배경은 중세시대. 몬살바트의 성주 티투렐과 성배의 기사들이 성배와 성창聖槍, Holy Spear을 지키는 중대한 임무를 수행하고 있다. 그리스도를 모욕한 쿤드리는 저주받은 여인이다. 그녀는 죽고 싶어도 죽을 수 없는 저주를 받았다. 티투렐이 그녀를 발견하고 성으로 데려간다.

흑마법사 클링조르가 성배의 기사가 되기 위해 티투렐을 찾아간다. 하지만 티투렐은 그의 청을 거절한다. 분개한 클링조르는 성배의 기사들을 유혹하기 위해 마법으로 웅장한 성과 아름다운 여성들을 만들어낸다.

티투렐의 아들, 암포르타스가 클링조르와 결투하기 위해 성 밖으로 나간다. 클링조르는 마법으로 쿤드리를 아름다운 여인으로 둔갑시켜 암포르타스를 유혹하고, 그녀는 그의 손에 들려있던 성창을 훔친다. 성창에 옆구리를 찔린 암포르타스는 영원히 상처가 아물지 않는 큰 부상을 입는다. 성배의 기사 중 최고 연장자인 구르네만츠는 암포르타스에게 '순수한 바보'만이 그를 도울 수 있다는 예언을 전한다.

왕의 시종들이 어떤 젊은 남성(파르지팔)의 팔을 잡고 숲에서 나온다. 그는 실수로 왕이 목욕하는 호수에서 노니는 백조 한 마리를 죽였다. 구르네만츠는 젊은이를 성으로 데려간다. 구르네만츠가 하는 모든 질문에 "모르겠습니다."로 일관하는 파르지팔은 성에서 쫓겨난다.

제2막

파르지팔이 클링조르와 싸우기 위해 출정한다. 클링조르는 이번에도 쿤드리를 이용하여 그를 유혹한다. 쿤드리는 젊은이의 이름, 파르지팔을 외치고 그에게 키스한다. 하지만 파르지팔은 그녀를 밀쳐낸다.

클링조르가 나타나 파르지팔을 향해 성창을 던진다. 하지만 공중을 가르던 성창이 갑자기 멈춘다. 파르지팔이 손으로 성창을 잡고 십자가를 그리자 클링조르의 성이 무너진다.

제3막

많은 세월이 흘렀다. 티투렐은 사망했고, 암포르타스는 여전히 옆구리에 난 상처로 괴로워하고 있다. 파르지팔이 성창을 들고 성에 나타난다. 그가 성창을 암포르타스의 옆구리에 대자 기적처럼 상처가 말끔히 사라진다. 파르지팔이 두 손으로 성배를 들자 하얀 비둘기가 그에게 날아온다. 이 장면을 목격한 쿤드리는 쓰러져 죽는다. 저주로부터 해방된 것이다.

등장인물

◉ 파르지팔 (Parsifal): '순수한 바보'로 불리는 성배의 기사. (테너)

◉ 쿤드리 (Kundry): 때로는 성배 기사들을 위해 봉사하고, 때로는 흑마법사 클링조르의 노예가 되어 사악한 일을 도맡아 하는 여인.

(소프라노 또는 메조소프라노)

◉ 구르네만츠 (Gurnemanz): 성배의 기사. (베이스)

◉ 암포르타스 (Amfortas): 성배 왕국의 지배자. (바리톤)

◉ 클링조르 (Klingsor): 흑마법사. (베이스-바리톤)

◉ 티투렐 (Titurel): 암포르타스의 아버지. (베이스)

◉ 두 명의 성배 기사 (Two Grail Knights): (테너, 베이스)

◉ 네 명의 시종 (Four Esquires): (소프라노, 알토, 테너 2명)

◉ 여섯 명의 여인 (Six Flower Maidens): (소프라노 3명 & 콘트라알토 3명, 또는 소프라노 6명)

제7장. 바그너의 신비스러운 악극

세상을 둘러보면 헤아릴 수 없을 정도로 많고 다양한 형태의 물질이 존재하는 것을 알 수 있다. 각각의 물질은 독특한 색상을 띠고 있으며, 고유의 소리를 낸다. 심지어 우리에게 무생물로 알려진 물질도 소리를 낸다. 나무 사이를 통과하는 바람 소리, 졸졸 흐르는 개울물 소리, 바다의 파도 소리도 자연의 하모니를 연주하는 데 저마다의 역할을 담당한다.

자연의 3대 속성인 형상, 색상, 소리 중 가장 오래 지속되고, 안정적이고, 느린 속도로 변하는 것은 형상이다. 색은 상대적으로 빠르게 변한다. 세월이 흐르면 색이 바래기도 하고, 빛이 반사되는 각도에 따라 색조가 달라지는 경우도 있다. 한편 소리는 세 요소 중 가장 파악하기 힘들다는 특성을 가지고 있다. 소리는 손으로 잡을 수 없는 도깨비불처럼 순식간에 사라지는 신기루와도 같다.

세상 영혼World Soul의 세 가지 속성인 선The Good, 진리The True, 아름다움The Beautiful을 표현할 수 있는 세 예술 분야는 조각sculpture, 회화painting, 음악music이다.

형상을 다루는 조각가는 수천 년의 세월을 견뎌낼 수 있는 대리석상 안에 아름다움을 새겨 넣는다. 하지만 대리석은 차갑다. 대리석상에서 자신을 발견할 수 있을 정도의 수준으로 성장한 사람은 소수에 불과하다.

화가는 색을 다루는 예술가다. 색으로는 형상을 만들 수 없다. 그림 속의 형상은 물질적 관점에서 봤을 때는 허상이다. 하지만 대부분의 사람은 손으로 만질 수 있는 석상보다 그림 속의 풍경이 더 진짜에 가깝다고 생각한다. 화가가 붓으로 그리는 형상은 살아있기 때문이다. 위대한 화가의 그림에는 많은 사람이 공감하고 즐길 수 있는 아름다움이 살아있다.

하지만 그림은 색이 변한다는 문제가 있다. 시간이 흐르면 싱그러웠던 색도 바래기 마련이다. 아무리 철저하고 조심스럽게 관리한 그림도 석상보다 오래가지는 못한다.

형상과 색상을 다루는 예술(조각과 그림)에는 단 한 번의 창조에 의해 만들어진 결과물이 담겨 있다는 공통점이 있다. 반면 손으로 만질 수 없는 음악은 매번 새롭게 재창조(연주)되어야 하지만, 조각과 그림을 훌쩍 초월하는 방식으로 전 세계 모든 인간과 소통할 수 있는 강력한 힘을 가지고 있다. 음악은 최고의 기쁨을 두 배로 만들고, 세상에서 가장 큰 슬픔도 어루만지고 치유한다. 음악은 야만인의 욕망을 잠재우고 겁쟁이에게 용기를 불어넣는다. 음악은 인간을 움직일 수 있는 가장 강력한 힘이다. 하지만 순전히 물질적인 관점에서 봤을 때는 다윈[40]과 스펜서[41]의 말처럼, '불필요한 것'으로 여겨질 수 있다.

세 유형의 예술이 인간에게 미치는 영향과 각각의 차이점을 이해하기 위해서는 눈에 보이는 물질 세상의 배후를 조사하고, 인간이 영spirit, 혼soul, 체body로 구성된 복합적인 존재라는 사실부터 이해해야 한다.

인간은 형상으로 가득한 세상에서 형상을 가진 다른 존재들과 더불어 형상의 삶을 살아간다. 하지만 인간

---

[40] Charles Darwin (1809 ~ 1882). 《진화론》으로 유명한 영국의 자연주의자, 지질학자, 생물학자. 대표작 《종의 기원On the Origin of Species》.
[41] Herbert Spencer (1820 ~ 1903). 영국의 철학자, 생물학자, 인류학자, 사회학자, 정치학자.

에게는 형상의 삶보다 훨씬 더 중요한 내면의 삶도 있다. 그곳은 느낌, 생각, 감정으로 영원히 변화하는 내면의 비전을 그리고 창조하는 영역이다. 내면의 영역이 풍부할수록 타인에게 의지해야 할 일도 줄어든다. 속이 텅 빈 사람들이 끝없이 갈구하는 외부의 자극 없이도 나 자신을 최고의 친구로 삼을 수 있기 때문이다. 모르는 사람이 없을 정도로 발이 넓지만, 막상 자기 자신을 모르고 자신과 함께 하는 시간이 두려운 사람은 내면이 비어있는 사람이다.

내면의 삶을 자세히 분석해보면 크게 두 가지 요소로 구성되어 있음을 알 수 있다: (1) 느낌과 감정을 관장하는 영혼의 삶, 그리고 (2) 생각으로 모든 행동을 관장하는 에고의 활동 영역.

형상의 세상에서 활동하기 위해 필요한 육체[42]가 물질 세상의 재료(4대 원소)로 만들어졌듯이, 장미십자회에서 열망의 세상[43]이라 부르는 영혼의 세상은 인간의

---

42) Dense body. 페이지 44의 주석 21번 참조.
43) Desire World. 장미십자회에서 말하는 일곱 개의 세상 중 물질 세상 Physical World 바로 위에 존재하는 세상으로, 끌어당김attraction과 반발력repulsion, 관심interest과 무관심indifference이 서로 힘을 겨루는 영역이다.

진짜 의복인 영혼의 재료를 제공하는 영역이다. 영혼의 세상을 지배하는 것은 색상이다. 이보다도 위에 있는 생각의 세상[44]은 영과 에고가 있는 곳으로, 소리의 영역이다. 따라서 세 가지 유형의 예술 중 인간에게 가장 강력한 영향을 주는 예술은 음악이다. 천국에 있는 아버지의 집에서 추방된 우리는 그 사실을 까맣게 잊어버린 채 물질 세상에 몸담고 재물을 모으느라 매일 정신이 없지만, 어느 날 말로 설명할 수 없는 향수를 불러일으키는 향긋한 음악을 접하게 된다. 하늘에 있는 집에서 울려 퍼지는 메아리를 듣고 기쁨과 평화로 가득한 고향 땅의 생각이 불현듯 떠오른다. 물질 세상에 워낙 깊게 파묻혀 있기 때문에 아무리 머리를 쥐어뜯어도 그 소리의 실체를 명백하게 규명할 순 없지만, 내면의 자아는 음절 하나하나가 고향의 소리임을 직관적으로 인지하고 마음속으로 기뻐한다.

리하르트 바그너[45]의 《파르지팔》처럼 음악과 오페라

---

[44] World of Thought. 페이지 26의 주석 13번 참조.
[45] Richard Wagner (1813 ~ 1883). 오페라/악극으로 유명한 독일의 작곡가, 연극 연출가, 논객, 지휘자. 대표작 《탄호이저Tannhäuser》, 《로엔그린Lohengrin》, 《니벨룽의 반지Der Ring des Nibelungen》, 《트리스탄과 이졸데Tristan und Isolde》, 《뉘른

(악극)의 주인공들이 밀접하게 연결된 위대한 명작을 제대로 감상하기 위해서는 이와 같은 음악의 속성부터 이해해야 한다.

이번 장에서 소개하는 바그너의 악극은 인류 역사 초기까지 거슬러 올라갈 정도로 오래되고 신비의 베일에 싸여 있는 파르지팔의 전설을 배경으로 하고 있다. 신화는 사실적 근거가 전혀 없는, 오로지 인간의 상상력에서 비롯된 산물이라는 생각은 큰 오류다. 신화는 가장 깊고 소중한 영적 진리를 담고 있는 보석함이다. 이 보석함에 담긴 진주목걸이는 지극히 아름답고, 귀하고, 천상의 속성을 간직하고 있어서 물질 만능주의자의 눈에는 보이지 않는다. 이 보물을 보호하고 인류의 영적 성장을 돕기 위해 위대한 스승들은 신화라는 그림의 상징체계를 젖먹이 상태에 있던 초기 인류에게 전달했다. 인류의 지능이 충분히 진화하여 영적 세상을 느끼고 알 수 있는 시점이 올 때를 대비하여 인간의 마음을 움직이는 신화의 이야기를 우리의 의식 속에 심어준 것이

베르크의 명가수 Die Meistersinger von Nürnberg》, 《파르지팔 Parsifal》.

다. 직접적인 가르침을 받아들이고 이해하지 못하는 어린이들에게 그림책과 동화를 읽어주면서 도덕심을 길러주는 것과 같은 이치다.

바그너의 오페라는 파르지팔 전설의 단순한 차용에서 멈추지 않는다. 모든 이야기가 그러하듯이, 전설도 널리 퍼지면서 조금씩 왜곡되고 아름다움이 퇴색된다. 하지만 바그너는 당대의 조류나 교리의 제약을 받지 않았다는 점에서 위대하다고 불릴 수 있다. 그는 관습에 얽매이지 않고 자유롭게 우화의 본래 가르침을 전하는 예술의 특권을 행사했다.

바그너는 《종교와 예술Religion and Art》에서 다음과 같이 말했다.

"종교가 인공적으로 변하는 순간, 예술이 나서서 종교의 정신을 되살려내야 한다고 나는 생각한다. 종교는 전설과 신화에 등장하는 심볼을 문자 그대로 받아들일 것을 요구하지만, 예술가는 상징적인 의미를 인식하고 그 안에 숨겨진 깊고 심오한 진리를 대중에게 공개하기 위해 이상적으로 표현해야 한다. 사제는 종교의 우화를 역사로 받아들이며 목

숨을 걸지만, 예술가는 자신의 작품을 창작물로 내세우며 자유롭게 표현할 수 있기 때문에 그런 제약으로부터 자유롭다. 오늘날의 종교는 가르침의 본체를 상식적으로 말도 안 되는 교리의 심볼로 계속 덧칠하고 있으며, 그 중심에 있는 신성한 진리를 시야에서 가려버리고 교리를 믿도록 강요하는 인공적인 조직으로 전락했다. 이 사실을 깨달은 종교계는 예술계에 도움을 청했다. 하지만 종교에 속박된 예술은 신도들에게 경전의 우화를 역사적 사실로 내세우기 위해 물신fetish과 우상idol의 형상에 의지해야만 했고, 높은 차원의 이상은 펼칠 수 없었다. 예술이 제 역할을 하기 위해서는 우화의 가르침을 이상적으로 표현해야만 하는데, 지금은 우화의 중심에 있는 형언할 수 없는 신성한 진리를 구속하는 용도로 쓰이고 있다."

이제 본격적으로 악극 《파르지팔》의 내용을 살펴보자. 첫 번째 장면의 배경은 몬살바트의 성이다. 이곳은 모든 생명이 신성하게 여겨지는 평화로운 곳이다. 동물과 새들은 온순하고, 기사들도 먹거나 스포츠를 즐기기 위해 함부로 살생하지 않는 성스러운 평화주의자들이다. 이들은 모든 생명에 대해 *"함께 살자Live and let live"*는 격언을 몸소 실천하는 사람들이다.

때는 새벽이고, 성배의 기사 중 가장 연로한 구르네만츠가 두 명의 젊은 시종과 함께 나무 아래에서 쉬고 있다. 이들이 잠에서 깨어날 무렵, 멀리서 쿤드리가 야생마를 타고 달려온다. 쿤드리는 두 개의 인격을 가지고 있는 인물이다. 첫 번째 인격은 성배 기사단을 돕기 위해 진심으로 노력하면서 성배를 모시는 여성으로, 이것이 그녀의 참모습인 것 같다. 반면 두 번째 인격은 흑마법사 클링조르의 사악한 마법에 걸려 성배의 기사들을 유혹하고 타락시키는 하수인 역할이다. 쿤드리가 한 인격체에서 다른 인격체로 바뀌는 문은 '잠'이다. 그녀는 자기를 잠에서 깨운 자의 의지에 따라 행동한다. 구르네만츠가 쿤드리를 발견하면 그녀는 성배를 섬기는 정의로운 여인이지만, 클링조르가 주문으로 그녀를 소환하면 본인의 의지와 관계없이 주인의 지시를 따르는 꼭두각시가 된다.

제1막에서 쿤드리는 뱀의 가죽으로 만든 의복을 착용

하고 있다. 뱀 가죽은 환생을 상징한다. 뱀이 자신의 몸에서 나온 껍질을 벗고 계속 새롭게 태어나듯이, 인간도 머나먼 진화의 여정을 걸으면서 뱀처럼 수시로 몸을 바꾼다. 결정화로 인해 단단하게 굳어진 비효율적인 육신을 버리고 새 몸으로 갈아타면서 계속 앞으로 나아가는 것이다. 구르네만츠는 쿤드리의 저의를 의심하는 젊은 시종의 질문에 *"뿌린 대로 거둔다."*는 인과관계의 법칙을 곁들여 대답한다.

"그래, 저주를 받았는지도 모르지.
전생에 죄를 지었는지도 모르지.
이번 생에서 선행을 하면서
속죄하러 왔는지도 모르지.
그녀가 우리를 따르는 것은 좋은 일이야.
우리에게도 도움이 되고, 자신에게도 도움이 되는 일이니."

쿤드리가 말에서 내려 가슴에 품고 있던 작은 유리병을 건넨다. 치유되지 않는 옆구리의 상처로 견딜 수 없는 고통에 시달리고 있는 성배의 왕, 암포르타스를 위해 아라비아에서 구해 온 진통제다. 잠시 후 시종들이 가마에 누워 있는 암포르타스를 무대의 중앙으로 모셔 온다. 그는 두 마리의 신성한 백조가 헤엄치면서 물을 치료제로 변환시키는 호수에 몸을 담그기 위해 이동하는 중이다. 암포르타스는 진통제를 바치는 쿤드리에게 감사의 말을 건네지만, 성배가 예언한 '동정심으로 깨달음을 얻은 순진한 바보'가 나타나서 자신을 구원할 때까지는 완치될 수 없다며 한탄한다. 암포르타스는 그 구세주가 나타나기도 전에 자기가 죽을 것이라는 암울한 생각으로 하루하루를 버티고 있다.

암포르타스를 호위하는 시종들이 그를 호수로 모시고, 젊은 시종 네 명이 구르네만츠의 곁에 앉아 성배와 암포르타스의 상처에 관해 이야기해달라고 청한다. 모두가 나무 아래에 편하게 앉은 상태에서 구르네만츠가 이야기를 시작한다.

"우리 주님, 구세주 예수 그리스도가 제자들과 함께 최후의 만찬을 하던 밤의 이야기부터 시작해야겠구나. 당시 그리스도께서 잔에 포도주를 부어 제자들과 함께 마셨는데,

나중에 아리마대의 요셉*Joseph of Arimathea*이 이 잔으로 십자가에 못 박힌 구세주의 옆구리에서 흘러나온 생명의 보혈을 받았다. 그는 구세주의 옆구리를 찔렀던 로마 병사의 창도 함께 챙겨서 수많은 위험과 박해를 무릅쓰고 탈출했다. 요셉이 구사일생으로 탈출에 성공한 후 천사들이 두 성물을 지키고 있었는데, 어느 날 하나님이 보낸 사자가 암포르타스의 아버지, 티투렐에게 나타나 성물을 보호하기 위해 성을 지으라고 명했다. 그리하여 높은 산의 정상에 몬살바트의 성이 지어졌고, 티투렐은 성스럽고 순결한 기사들과 함께 그곳에서 성물을 보호하는 임무를 수행하게 되었다. 그 후 이 성을 중심으로 영적 진리가 세계 방방곡곡으로 뻗어 나가게 되었지."

"그런데 이교도들이 사는 계곡에 순결하지 않은 흑기사가 하나 있었다. 이 자는 성배의 기사가 되고 싶어서 자신의 육신을 훼손했다. 욕망을 억제하기 위해 그랬던 것인데, 그 더러운 욕망을 완전히 잠재우지는 못했다. 그의 가슴에 검은 욕망이 자리 잡고 있음을 간파한 티투렐은 그를 성배의 기사로 받아들이지 않았고, 클링조르라 불리는 이 흑기사는

성배를 섬길 수 없다면 성배가 자신을 섬기게 만들겠다고 다짐했다. 그는 곧 마법의 정원이 딸린 성을 지었고, 달콤한 꽃향기를 풍기며 성배의 기사들이 책무를 저버리고 순결의 맹세를 깨도록 유혹하는 아름다운 여인들로 정원을 가득 메웠다. 성배의 기사들은 몬살바트를 드나들 때마다 이 마법의 정원을 통과해야만 했다. 여인들의 유혹에 넘어간 기사들은 클링조르의 포로가 되었고, 성배를 지키는 기사의 수는 나날이 줄어들었다."

"*티투렐은 성배 보호의 책무를 아들 암포르타스에게 전수했고, 암포르타스는 말썽을 피우는 클링조르를 징벌하기 위해 성창을 들고 성 밖으로 나갔다. 교활한 클링조르는 암포르타스를 직접 상대하는 대신, 성배를 모시는 추녀 쿤드리를 빼어난 미녀로 둔갑시켜 그 앞에 나타나게 했다. 클링조르의 마법에 빠진 쿤드리는 암포르타스를 유혹했고, 쿤드리의 아름다운 자태에 넋을 잃은 암포르타스는 손에 들고 있던 성창을 떨어뜨리고 그녀의 품에 안겼다. 이때 클링조르가 나타나 성창을 쥐고 무방비 상태에 있던 암포르타스의 옆구리를 찔렀다. 내가 목숨 걸고 달려가 그를 구출하지 않*

았더라면 암포르타스도 포로가 되어 마법의 성에 갇혔을 것이다. 비록 왕을 사로잡지는 못했지만 클링조르는 성창을 손에 넣었고, 그 후부터 왕은 치유될 수 없는 고통 때문에 정상적으로 살 수 없는 지경에 이르게 되었다."

노 기사가 이야기를 마치자 굳은 결의로 똘똘 뭉친 시종들이 벌떡 일어나 자기들이 클링조르를 엄벌하고 성창을 되찾아오겠다고 맹세한다. 하지만 구르네만츠는 슬픈 표정으로 고개를 가로저으며 '동정심으로 깨달음을 얻은 순진한 바보'의 예언이 실현되기 전까지는 구원도 없을 것이라고 얘기한다.

이때 호수 쪽에서 다급한 외침이 들린다. "오, 백조가! 오, 백조가!" 잠시 후 백조 한 마리가 무대를 가로지르며 푸덕거리더니 아연실색한 표정의 구르네만츠와 시종들 앞에 떨어져 죽는다. 암프르타스를 호위하는 시종들이 손에 활과 화살을 들고 있는 체격 좋은 젊은 이(파르지팔)를 끌고 온다. 구르네만츠가 슬픈 목소리로 "왜 죄 없는 동물을 죽였느냐?"고 묻자 그는 천연덕스럽게 "그게 잘못한 일인가요?"라고 되묻는다. 구르네만츠는 왕이 아프게 된 경위와 백조가 그의 고통을 조금이나마 덜어주는 역할을 하고 있다는 사실을 파르지팔에게 설명한다. 자초지종을 전해 들은 파르지팔은 충격을 받고 그 자리에서 활을 부러뜨린다.

모든 종교에서 빠른 속도로 성장하는 영혼은 새로 표현된다. 그리스도의 영 역시 예수가 요단강에 몸을 담고 세례를 받던 당시, 비둘기의 모습으로 그의 육신 안으로 들어갔다[46]. 북유럽 신화에 등장하는 생명 나무 위그드라실[47] 아래의 호수와 성배 전설의 호수에서 백조가 헤엄치듯이, "*신은 수면에 운행하신다.*[48]" 따라서

---

46) "이 때에 예수께서 갈릴리로서 요단 강에 이르러 요한에게 세례를 받으려 하신대, 요한이 말려 가로되, 내가 당신에게 세례를 받아야 할 터인데 당신이 내게로 오시나이까. 예수께서 대답하여 가라사대, 이제 허락하라, 우리가 이와 같이 하여 모든 의를 이루는 것이 합당하니라 하신대 이에 요한이 허락하는지라. 예수께서 세례를 받으시고 곧 물에서 올라오실새 하늘이 열리고 하나님의 성령이 비둘기같이 내려 자기 위에 임하심을 보시더니, 하늘로서 소리가 있어 말씀하시되 이는 내 사랑하는 아들이요 내 기뻐하는 자라 하시니라." (신약성경 마태복음 3장 13~17절)

47) Yggdrasil. 전통적으로 나무는 '창조' 또는 '우주'의 심볼로 여겨져 왔다. 고대 이집트에서는 우주를 거대한 나무로 여겼고, 북유럽 신화의 위그드라실은 온 세상을 품고 있는 우주수宇宙樹, World Ash로 불렸다. 인도에서는 메루산Mount Meru의 나무가 세상을 떠받들고 있다고 설명했고, 유대교 신비주의에서는 생명의 나무The Tree of Life를 우주의 모형으로 삼았다.

48) "땅이 혼돈하고 공허하며 흑암이 깊음 위에 있고 하나님의 신은 수면에 운행하시니라." (구약성경 창세기 1장 2절)

새는 가장 높은 수준의 영적 영향력을 상징하며, 백조의 죽음을 보고 많은 기사가 슬퍼한 것은 당연한 일이라 할 수 있다. 진리는 여러 단면을 가지고 있다. 하나의 신화는 최소한 일곱 가지의 유효한 방법으로 해석될 수 있으며, 물질적·문자적 관점으로 해석했을 때 파르지팔이 암포르타스 왕에 대해 연민을 느끼고 백조를 죽인 자신의 활을 꺾어버린 것은 그가 영적 이상을 추구하고 있음을 보여주는 대목이다. 직접적이든 간접적이든, 먹기 위해 살생하는 사람은 진정한 연민의 감정을 품을 수 없고 인류의 진화에도 기여할 수 없다. *남을 해치지 않는 삶이야말로 남에게 도움을 주기 위해 필요한 절대적인 조건이다.*

구르네만츠는 파르지팔에게 그의 정체가 무엇인지, 어쩌다 몬살바트까지 오게 되었는지 자세히 캐묻는다. 하지만 파르지팔은 어이없을 정도로 바보스러운 모습을 보인다. 구르네만츠의 모든 질문에 연신 "모르겠습니다."라고 대답한 것이다. 그 모습을 지켜보던 쿤드리가 나서서 대답한다.

"이 자가 누구인지 제가 압니다. 그는 인류의 영웅, 가므렛의 아들입니다. 이 자가 어머니 헤르츠라이데 여사의 배 속에 있을 때 아버지는 아라비아에서 싸우다 전사했습니다. 아버지는 죽기 직전에 마지막 숨을 몰아쉬며 아들의 이름을 파르지팔로 지었습니다. '순수한 바보'라는 뜻입니다. 아들이 아버지처럼 무예를 배우고 전쟁터로 끌려나가는 것이 두려웠던 어머니는 무기와 전쟁이 존재하지 않는 깊은 숲속에서 아들을 키웠습니다."

그러자 파르지팔이 끼어들면서 부연 설명을 한다.

"네, 맞습니다. 그러던 중 어느 날 멋진 동물을 타고 다니는 남자들을 보았습니다. 저도 그들처럼 되고 싶어서 따라나섰습니다. 그동안 수많은 짐승, 거인과 싸우다 여기까지 오게 되었습니다."

이 우화에서 우리는 삶의 의미를 찾아 헤매는 구도자의 모습을 엿볼 수 있다. 가므렛과 파르지팔은 영혼의 성장 단계를 상징하는 인물들이다. 가므렛은 세상을 호령하는 사람이지만, 훗날 '가슴의 슬픔'이라는 뜻의 이름을 가진 헤르츠라이데와 결혼하게 된다. 그는 결국 슬픔을 겪으며 물질 세상에서 죽는다. 영적 세상의 삶을 맛본 사람이 물질을 탐하던 과거의 모습을 벗어 던지고 새로운 사람(파르지팔)으로 다시 태어나는 것이다. 여름 바다처럼 시원하고 잔잔한 삶, 아무런 근심도 걱정도 없는 달콤한 노래 같은 삶이 지속되는 상태에서는 높은 이상에 대한 열망이 생겨나지 않는다. 육신의 모든 세포가 한목소리로 "지금 정도면 괜찮아. 나는 이대로가 좋아!"라고 합창을 한다. 하지만 사방에서 역경의 뭉게구름이 피어오르고 육신을 강타하는 물결이 나를 집어삼키려 들 때 우리는 '가슴의 슬픔'과 결혼하여 슬픔을 품은 인간이 되고, 그때 비로소 파르지팔처럼 세상의 모든 지혜를 잊어버리고 오로지 영적 성장만을 추구하는 순수한 바보 또는 구도자가 된다. 돈을 모으거나 즐겁게 지내는 것을 삶의 목표로 삼는 사람은 세상의 지혜를 가졌지만, 영적 세상을 추구하고 영적 성장을 삶의 목표로 정한 사람은 속세의 기준으로 봤을 때 바보라 할 수 있다. 파르지팔이 어머니 헤르츠라이데

('가슴의 슬픔')를 떠났듯이, 그는 과거의 삶을 모두 잊어버리고 슬픔도 떠나보낸다. 전설에 따르면 아들이 출가한 후 파르지팔의 어머니는 슬퍼하다 죽었다고 한다. 즉, 구도자가 속세를 등지고 영적 성장의 여정에 오르면 슬픔도 사라지는 것이다. 그는 자신의 책무를 수행하기 위해 세상 속에서 살아가지만, 세상에 적을 두지는 않은 사람이다.

구르네만츠는 파르지팔이 암포르타스를 치유할 구세주가 아닐까 하는 생각을 하며 그를 성으로 데려간다. 파르지팔이 "성배가 뭐죠?"라고 묻자 구르네만츠가 대답한다.

"그건 발설할 수 없다네.
하지만 자네가 성배의 부름을 받게 되면
저절로 진실을 알게 될 것이네.
내가 자네를 제대로 알아본 것 같네.
성배에 이르는 길은 세상의 길이 아니라네.
성배의 안내를 받지 못하면
누구도 갈 수 없는 길이라네."

여기서 바그너는 기독교 이전의 시대로 돌아가고 있다. 그리스도 이전에는 '진리를 구하는 자'의 무차별적인 입문이 허용되지 않았다. 브라만[49]과 레위인[50]처럼 사원을 위해 봉사하는 대가로 가르침을 받을 수 있는 특권을 가진 자들에게만 입문이 허용되었다. 하지만 그리스도의 강림으로 인간에게도 변화가 찾아왔고, 이제 모두가 입문의 과정을 거칠 수 있게 되었다.

무대가 몬살바트의 성으로 바뀐다. 암포르타스 왕을 둘러싼 기사들이 그에게 성배를 찬양하는 신성한 예식을 집전할 것을 요청한다. 이 예식은 기사들이 투지를 재확인하고 영적으로 헌신하겠다는 마음을 더욱 공고히 하기 위해 성배를 공개하는 행사다. 하지만 예식을 치를 때마다 고통이 배가되는 암포르타스는 망설인다. 성배를 바라보면 옆구리의 상처가 처음처럼 다시 생겨나 피가 흐르기 시작하기 때문이다. 인간이 이상과 신념을 배신했을 때 죄책감의 고통이 찾아오는 것에 비유

---

49) Brahmin. 힌두교의 사제, 스승 등을 일컫는 말.
50) Levites. 야곱과 레아 사이에서 태어난 셋째 아들, 레위Levi의 후손 중 남성을 일컫는 말. 유명한 레위인으로는 구약시대의 주인공급인 모세Moses, 아론 Aaron, 에스겔Ezekiel, 이사야Isaiah, 예리미아Jeremiah 등을 들 수 있다.

할 수 있는 현상이다. 하지만 아버지마저 나서서 기사들의 편을 들자 그는 결국 두 손을 든다. 암포르타스가 고통을 참으며 성스러운 의식을 집전하는 동안, 구석에서 지켜보고 있던 파르지팔도 왕과 똑같은 고통을 느끼며 괴로워한다. 의식이 끝난 후 구르네만츠가 다가와 무엇을 보았느냐고 묻자 파르지팔은 이번에도 바보처럼 모른다고 대답한다. 크게 실망한 노 기사는 화를 참지 못하고 호통을 치며 그를 성 밖으로 내쫓는다.

지식이 뒷받침되지 않은 느낌과 감정은 유혹에 쉽게 넘어갈 수 있다. 구도자의 영혼은 남을 해치려는 마음도 없고 지극히 순수하기 때문에 오히려 죄의 표적이 될 가능성이 높다. 나의 약점을 인지하고 영적으로 한 단계 더 성장하기 위해서는 유혹의 시험을 받고 통과해야 한다. 유혹 앞에서 굴복하면 암포르타스처럼 고통을 받지만, 그 고통을 통해 양심이 계발되고 죄를 미워하는 마음이 솟아나게 된다. 유혹에 대한 내성이 강해지는 것이다. 세상 모든 아이가 순수한 이유는 아직 유혹을 받아본 적이 없기 때문이다. 도덕적인 사람이 되기

〈성배 의식을 집전하는 암포르타스〉

위해서는 유혹을 받고도 넘어가지 않거나, 유혹에 굴복한 후 대가를 치르고, 잘못을 뉘우치고, 새로운 사람으로 다시 태어나야만 한다. 따라서 바보처럼 순수한 파르지팔은 진정으로 도덕적인 사람이 되기 위해 유혹의 시험을 치러야 한다.

제2막에서는 클링조르가 마법으로 쿤드리를 소환한다. 자신이 만든 마법의 성을 향해 성큼성큼 다가오는 파르지팔을 보며 클링조르는 두려워한다. 지금까지 자기를 찾아온 기사 중 가장 바보이기 때문이다. 세상의 지혜를 가진 사람은 꽃 내음을 발산하는 아름다운 여인의 유혹에 쉽게 넘어가지만, 파르지팔의 순수함은 방패막이 역할을 한다. 여인들이 파르지팔에게 다가오자 그는 천진난만하게 "당신들은 꽃인가요? 향기가 아주 달콤하네요."라고 묻는다. 파르지팔을 잡으려면 쿤드리라는 비밀병기가 필요한 상황이다. 쿤드리는 클링조르에게 사정하고, 항의하고, 반항하지만 흑마법사는 아랑곳하지 않고 그녀에게 마법을 걸어 아름다운 여인으로 변신시킨다. 쿤드리가 나긋나긋한 목소리로 파르지팔의 이름을 부르자 그의 가슴속에서 어린 시절의 추억과 엄마의 사랑에 대한 기억이 되살아난다. 파르지팔은 자기 곁으로 오라고 손짓하는 그녀에게 다가간다. 쿤드리는 엄마의 사랑과 파르지팔이 엄마의 품을 떠났을 때 그녀가 느꼈던 슬픔과 죽음을 상기시키며 그의 마음을 뒤흔든다. 그리고 나서 또 다른 형태의 사랑, 즉, 남자와 여자의 사랑이 지금까지 겪은 모든 슬픔을 보상해 줄 수 있다고 설명하며 그에게 정열적인 키스를 퍼붓는다.

그리고 무겁고 고요한 침묵…… 마치 그 뜨거운 키스에 세상의 운명이 달린 것처럼 긴장의 분위기가 감돈다. 쿤드리의 팔에 안긴 파르지팔의 안색이 조금씩 바뀌는가 싶더니 급기야 표정이 일그러진다. 쿤드리의 키스로 새로운 고통에 눈을 뜬 그가 벌떡 일어서 두 손으로 자신의 심장을 움켜쥔 채 괴로워한다. 그의 눈앞에서는 성배의 형상이 아른거리고 자기와 똑같이 고통에 신음하는 암포르타스의 모습이 스쳐 지나간다. 그가 큰 소리로 외친다.

"암포르타스여! 오, 암포르타스여! 이제 알겠습니다! 당신

의 옆구리에 난 상처가 내 가슴을 태우고 있습니다. 내 영혼을 태우고 있습니다! 오, 맙소사! 말로 형용할 수 없는 고통입니다! 제 옆구리에서도 피가 흐르고 있습니다!"

파르지팔이 계속 괴로워하며 말한다.

"아닙니다. 제 옆구리에 상처가 있는 것이 아니라, 제 가슴 속에 불이 난 것입니다. 제 감각이 요동을 쳐서 정신이 혼미합니다. 고문 같은 사랑이 저를 미치게 만들고 있습니다. 이제 왜 세상이 이리저리 흔들리며 경련을 일으키는지, 왜 인간이 가슴의 야망을 주체하지 못해 수치스러운 일마저 자초하는지 알겠습니다."

쿤드리가 다시 그를 유혹한다.

"단 한 번의 키스로 그 많은 것을 깨달았으니, 한 시간 동안 나와 사랑을 나누면 훨씬 더 많은 것을 얻을 수 있을 것입니다."

하지만 더는 망설일 필요가 없다. 파르지팔은 깨달음을 얻었다. 그는 이제 옳고 그름을 분별할 수 있다. 그가 쿤드리에게 말한다.

> *"내가 당신에게 단 한 시간이라도 바치면 우리 둘 다 영원을 잃게 될 것이오. 나는 당신을 구하고 열정의 저주에서 해방시킬 것이오. 당신 안에서 불타고 있는 사랑은 육체적 쾌락에 불과하오. 순수한 마음을 바탕으로 한 참된 사랑과 당신이 원하는 육체적 사랑의 차이는 천국과 지옥의 간격만큼이나 크다오."*

속셈이 들통난 쿤드리는 분노한다. 그녀가 도움을 청하자 클링조르가 성창을 들고 나타난다. 그는 파르지팔을 향해 힘껏 성창을 던지지만, 악의 없는 순수한 파르지팔을 해칠 수 있는 것은 이제 아무것도 없다. 클링조르가 던진 창은 파르지팔의 머리 위에 둥둥 떠 있다. 파르지팔이 성창을 집어 허공에 십자가를 그리자 클링조르의 성과 마법의 정원이 단숨에 무너진다.

제3막. 그 후 많은 세월이 흘렀다. 성 금요일[51]이다.

---

51) Good Friday. 예수의 십자가형과 죽음을 기념하는 기독교 명절로, 부활절Easter Sunday 주간의 금요일이다. 부활절은 매년 춘분Spring Equinox 이후 첫 번째 보름달이 뜬 주의 일요일이다.

〈파르지팔을 향해 성창을 던지는 클링조르〉

검은 갑옷을 입은 전사가 지친 모습으로 몬살바트를 향해 걸어가고 있다. 노 기사 구르네만츠가 작은 움막을 지어 살고 있는 곳이다. 전사가 투구를 벗고 창을 바위 옆에 내려놓은 후 무릎을 꿇고 기도한다. 구르네만츠가 덤불 속에서 자고 있던 쿤드리를 깨워 함께 다가온다. 성창을 들고 있는 파르지팔을 알아본 구르네만츠가 기쁜 마음으로 환대하며 어떻게 이곳까지 오게 되었는지 묻는다.

첫 만남에서 같은 질문을 받았던 파르지팔은 "모르겠습니다."라고 대답했었다. 하지만 이번에는 전혀 다른 답변을 내놓는다. "구하기 위해 고통받으면서 이곳까지 오게 되었습니다." 파르지팔의 첫 몬살바트 입성은 인간이 우연히 영적 세상을 엿보게 되는 사건을 상징한다. 하지만 두 번째 방문은 영적으로 성장하겠다는 의식적인 노력의 결과로 얻어진 것이다. 세상의 슬픔과 고통을 두루 경험하고 감내하면서 맺은 정당한 결실이다. 파르지팔은 그곳에 이르는 고단한 여정에서 겪은 무용담을 늘어놓는다. 그는 길에서 수많은 적을 만났고, 그때마다 성창으로 그들을 물리치고 위험으로부터 자신을 구하고 싶은 마음이 굴뚝같았지만, 성창은 남을 해치기 위해서가 아니라 치유하는 용도로 쓰인다는 사실을 알았기 때문에 참았다고 말한다. 성창은 순수한 마음으로 삶에 임하는 영혼에게 주어지는 영적 힘을 상징한다. 하지만 이 창은 오로지 이타적인 목적으로만 사용되어야 한다. 불순한 야망으로 함부로 성창을 휘두르면 암포르타스처럼 반드시 잃게 된다. 성창을 소유한 사람은 그 힘으로 배를 주리는 오천 명의 백성을 먹일 수 있지만[52], 자신의 허기를 달래기 위해 작은 돌멩이 하나를 빵으로 만드는 것은 허용되지 않는다[53]. 귀가 잘려나간 적의 얼굴에서 흐르는 피가 멈추도록 성창을 귀에 댈 수는 있지만[54], 자신의 옆구리에서 쏟아

---

52) 보리떡 다섯 개와 물고기 두 마리로 오천 명을 먹인 오병이어五餠二魚의 기적. 신약성경 요한복음 6장 1~14절, 마태복음 14장 13~21절 참조.
53) 금식 중이던 예수를 찾아온 사탄이 돌을 떡으로 만들어보라고 유혹한 일. "시험하는 자가 예수께 나아와서 가로되 네가 만일 하나님의 아들이어든 명하여 이 돌들이 떡덩이가 되게 하라. 예수께서 대답하여 가라사대 기록되었으되 사람이 떡으로만 살 것이 아니요 하나님의 입으로 나오는 모든 말씀으로 살 것이라 하였느니라 하시니." (신약성경 마태복음 4장 3~4절)
54) 유다의 배신으로 예수가 체포되던 당시, 그의 제자 중 한 사람이 검으로 대제사장의 귀를 잘라내자 예수가 상처를 치유한 기적의 이야기. "좌우가

지는 생명수를 틀어막기 위해 사용해서는 안 된다. 그리스도도 자신을 위해서 그 힘을 쓰지 않았다고 성경에 기록되어 있다. "*저가 남은 구원하였으되 자기는 구원할 수 없도다.*[55]"

파르지팔과 구르네만츠는 몬살바트의 성으로 들어간다. 기사들이 암포르타스에게 성배 예식의 집전을 요구하고 있으나, 왕은 성배를 공개할 때마다 찾아오는 끔찍한 고통이 두려워 그들의 청을 거부하고 있다. 그는 추종자들에게 맨 가슴을 내민 채 차라리 자기를 죽여달라고 호소한다. 이때 파르지팔이 왕에게 나아가 옆구리에 성창을 대자 기적처럼 상처가 사라지고 치유된다. 파르지팔은 암포르타스를 퇴위시키고 자신이 앞으로 성배와 성창을 보호하겠노라고 선언한다. 오로지 완벽하게 이타적이고 선악을 분별할 수 있는 자만이 성창이

그 될 일을 보고 여짜오되, 주여 우리가 검으로 치리이까 하고, 그 중에 한 사람이 대제사장의 종을 쳐 그 오른편 귀를 떨어뜨린지라. 예수께서 일러 가라사대 이것까지 참으라 하시고 그 귀를 만져 낫게 하시더라." (신약성경 누가복음 22장 49~51절)

55) "저가 남은 구원하였으되 자기는 구원할 수 없도다. 저가 이스라엘의 왕이로다 지금 십자가에서 내려올지어다. 그러면 우리가 믿겠노라." (신약성경 마태복음 27장 42절)

상징하는 영적 힘을 소유할 수 있다. 암포르타스는 적을 공격하고 해치기 위해 성창을 사용했다. 하지만 파르지팔은 자기방어의 목적으로도 성창을 사용하지 않았다. 암포르타스는 클링조르를 징벌하기 위해 팠던 무덤에 자기가 빠졌지만, 파르지팔은 성창으로 남을 치유하는 능력을 갖추게 되었다.

제3막에서 인간의 하위 속성을 상징하는 쿤드리는 단 한마디를 내뱉는다: 봉사. ("당신을 위해 일하겠어요.") 그녀는 완벽한 봉사로 영을 상징하는 파르지팔이 목표를 달성하도록 돕는다. 제1막에서 파르지팔이 성배를 처음 알현했을 때 그녀는 잠들어 있었다. 인간의 영은 초기에는 육신이 잠들거나(꿈) 사망한 후에만 영적 세상으로 상승할 수 있다. 하지만 마지막 제3막에서는 육신을 상징하는 쿤드리도 성배를 모시는 성으로 들어간다. 요한계시록에도 기록되어 있듯이, 이 시점에는 육신도 영을 상징하는 파르지팔처럼 구속에서 해방되고 영적 성장을 위해 자신을 바치기로 한 상태이기 때문이다. "*이기는 자는 내 하나님 성전에 기둥이 되게 하리니 그가 결*

코 다시 나가지 아니하리라.[56]" '이긴 자'는 물질 세상보다 높은 곳에서 인류를 위해 계속 봉사한다. 그는 물질 세상에서 활동하지 않기 때문에 육신도 필요 없고, 환생의 법칙도 초월한 상태다. 따라서 구도자의 육신을 상징하는 쿤드리는 마지막 막에서 죽음을 맞이한다.

올리버 웬델 홈즈[57]는 《앵무조개 The Chambered Nautilus》라는 시에서 인간이 계속 향상되는 육신을 여러 번 걸치면서 끊임없이 성장하고, 마지막에 육신과 환생의 굴레에서 해방되는 개념을 아름다운 비유로 설명했다. 앵무조개는 최후의 집이 만들어질 때까지 나선형의 껍질을 계속 짓고, 새로운 집으로 옮겨간다.

조용히 분투하면서 해를 넘길 때마다
빛나는 고리를 넓혀나갔네.
나선이 계속 성장함에도
그는 새로운 집을 찾아 이사하네.
번쩍거리는 아치를 사뿐사뿐 걸어 문을 만들고,

---

56) 신약성경 요한계시록 3장 12절.
57) Oliver Wendell Holmes (1809 ~ 1894). 미국의 의사, 시인.

새 보금자리를 짓고 나서 옛 보금자리는 잊어버리네.

*방랑하는 바다의 아이야,
네가 전해주는 천상의 메시지에 감사를 표한다.
너는 바다에게 버림받았지만,
너의 죽은 입술에서 명확한 진리가 탄생하는구나.
티톤의 나팔에서 나오는 소리보다도 명확한,
너의 목소리가 내 귀에 울려 퍼지며,
나는 마치 깊은 동굴에서 흘러나오는 듯한 노래를 듣는다.*

*내 영혼아, 더욱 웅장한 저택을 지어보자꾸나!
계절이 빠르게 지나가면서
묵은 과거는 내려놓자꾸나.
전보다 고귀한 사원을 짓고,
전보다 큰 지붕으로 하늘을 가려보자.
인생이라는 험한 바다에서,
네가 비로소 해방될 때까지!*

<성배를 든 파르지팔 앞에서 쓰러져 죽는 쿤드리>

Ⅲ. 니벨룽의 반지 (The Ring of the Nibelungs)

〈알베리히를 조롱하는 라인의 여인들〉

바그너의 대작 《니벨룽의 반지》는 전야제에 해당하는 《라인의 황금》과 제1부 《발퀴레》, 제2부 《지크프리트》, 제3부 《신들의 황혼》의 4부작으로 구성되어 있다.

《라인의 황금》 줄거리 요약

제1장

배경은 신화의 시대. 라인강 바닥에서 여인 셋이 라인의 황금을 보호하고 있다. 라인의 여인들은 자기들을 유혹하기 위해 접근하는 니벨룽 족의 알베리히를 조롱하며 가지고 논다. 알베리히는 여인들을 통해 라인의 황금이 간직한 비밀을 알게 된다. 사랑을 버린 자는 라인의 황금을 벼려 반지를 만들 수 있고, 그 반지를 가진 자는 세상을 지배할 수 있다는 것이었다. 알베리히는 그 자리에서 사랑을 저주하고, 라인의 황금을 훔쳐 지하에 있는 니벨룽의 세상으로 도망친다.

제2장

최고신 보탄은 두 거인, 파졸트와 파프너에게 신들을 위한 큰 성, 발할의 공사를 의뢰한다. 거인들은 그 대가로 젊음과 아름다움의 여신, 프라이아를 요구한다. 프라이아는 보탄의 부인, 프리카의 여동생이다. 공사가 완료되어 거인들이 대금을 내놓으라고 으름장을 놓자 보탄은 당황한다. 이때 그의 영리한 하수인이자 불의 신인 로게가 나타난다. 로게는 거인들을 설득하여 프라이아 대신 니벨룽 족의 알베리히가 벼린 절대 권력의 반지를 대금으로 지급하겠다고 제안한다. 두 거인은 프라이아를 인질로 잡고 로게의 제안을 수락한다.

제3장

보탄과 로게는 니벨룽 족의 영역인 니벨하임을 찾아간다. 알베리히의 동생 미메는 형의 지시에 따라 마법의 투구, 타른헬름을 만든다. 이 투구를 쓴 자는 어떤 생명체로든 자유자재로 변신할 수 있다. 로게는 겁먹은 척하며 알베리히에게 마법 투구를 이용하여 두꺼비로 변신하는 것도 가능하냐고 묻는다. 알베리히가 우쭐대며 두꺼비로 변신하는 순간, 로게는 잽싸게 그를 사로잡는다.

제4장

보탄과 로게는 알베리히를 협박하여 자유를 돌려주는 대가로 그가 모은 보물을 빼앗는다. 알베리히는 마법의 반지에 저주를 걸고 도망친다.

한편 두 거인은 니벨룽의 보물뿐 아니라 절대 권력의 반지까지 내놓으라고 신들에게 요구한다. 반지의 새 주인이 된 보탄이 망설이자 지구의 여신 에르다가 땅속에서 올라와 저주받은 반지를 버리라고 경고한다. 보탄은 결국 반지를 거인들에게 건네고, 두 거인은 서로 반지를 차지하기 위해 싸움을 벌인다. 결국 파프너가 형제 파졸트를 죽이고, 보탄은 반지에 걸린 알베리히의 저주를 실감한다. 신들은 반지를 돌려달라는 라인 여인들의 애원을 뒤로한 채 발할에 입성한다.

등장인물

「신」

- ⊙ 보탄 (Wotan): 전쟁과 계약의 신. 신들의 지배자. (베이스-바리톤)
- ⊙ 로게 (Loge): 불의 반신半神, 보탄이 부리는 영리하고 교활한 하수인. (테너)
- ⊙ 프리카 (Fricka): 가정의 여신. 보탄의 부인. (메조소프라노)
- ⊙ 프라이아 (Freya): 사랑과 아름다움의 여신. 신들의 젊음을 유지하는 황금 사과의 재배자. (소프라노)

⊙ 프로 (Froh): 봄과 햇빛의 신. 프라이아의 온순한 오빠. (테너)

⊙ 도너 (Donner): 천둥의 신. 프라이아의 다혈질 오빠. (바리톤)

⊙ 에르다 (Erda): 태고의 어머니 지구 여신, 세속적 지혜의 여신. (콘트라알토)

「니벨룽족」

⊙ 알베리히 (Alberich): 권력에 굶주린 난쟁이. 니벨룽 족의 지배자. (바리톤)

⊙ 미메 (Mime): 알베리히의 동생. 겁쟁이 대장장이. (테너)

「거인족」

⊙ 파졸트 (Fasolt): 프라이아와 사랑에 빠진 거인. (베이스)

⊙ 파프너 (Fafner): 무자비한 성정의 거인. 파졸트의 형제. (베이스)

「라인의 여인들」

⊙ 보글린데 (Woglinde): 라인강의 요정. (소프라노)

⊙ 벨군데 (Wellgunde): 라인강의 요정. (소프라노 또는 메조소프라노)

⊙ 플로스힐데 (Floßhilde): 라인강의 요정. (메조소프라노)

제8장. 라인의 여인들

활성체[58]의 키워드는 '반복'이며, 활성체의 추출물은 지성이다. 또한 지성은 영의 양식이며, 인간의 내면에 거하는 그리스도 원리다. 그리스도 원리를 발전시키고 어둠으로 뒤덮인 오늘날의 물질 만능주의 세상에서 그리스도의 빛을 밝히는 막대한 책무가 우리에게 주어졌으므로 중요한 개념을 반복해서 설명하는 것은 아주 중요한 일이다. 세상은 무의식적으로 이미 이 법칙을 따르며 움직이고 있다.

언론사는 대중의 뇌리에 어떤 개념을 주입하고자 할 때 단 한 편의 사설로 목표를 달성할 수 있으리라 생각하지 않는다. 아무리 설득력 있고 호소력 짙은 사설이더라도 한 번으로는 부족하다. 매일 같은 내용을 반복해서 보도해야 언론사가 원하는 여론을 형성할 수 있다. 성경은 지난 이천 년 동안 매주 일요일과 수요일, 전 세계 수십, 수백만 교회와 성당에서 사랑의 원리를 설파했지만 아직도 세상에서 전쟁은 자취를 감추지 않

---

58) Vital body. 페이지 44의 주석 21번 참조.

앉다. 하지만 시간이 흐르면서 세계 평화의 중요성을 인식하는 사람의 수는 조금씩이나마 늘어나고 있다. 훌륭한 설교가 인류 전체의 의식 성장에 주는 영향은 지극히 미미하다. 강력한 영혼의 메시지를 듣는 순간에는 황홀한 영적 체험을 했을지라도, 시간이 지나면 그때의 감동이 희미해진다. 훌륭한 설교가 인상을 남기고 영향을 준 것은 복합적인 구조를 가진 인간의 열망체[59]이기 때문이다.

활성체보다 시기적으로 나중에 형성된 열망체는 결정화의 정도가 상대적으로 낮기 때문에 인상을 남기기가 더 쉽다. 하지만 활성체보다 결이 고운 열망체는 덜 고정적이며, 이곳에서는 쉽게 감정이 형성되고 소멸한다. 따라서 어떤 아이디어 또는 이상이 인간의 아우라를 뚫고 진입하면 활성체에 아주 작은 영향을 주지만, 체계적인 공부, 설교, 강의 또는 독서로 습득한 지식은 상대적으로 오래 지속된다. 그리고 좋은 일이든 나쁜 일이든, 꾸준히 반복하고 집중하면 더 강력한 인상이

---

59) Desire body. 페이지 44의 주석 21번 참조.

남게 된다.

지속적이고 반복적인 영향으로 우리의 의식에 강한 인상을 심어주기 위해 이번에는 색다른 각도에서 삶의 신비를 조명하는 또 하나의 위대한 작품을 소개한다. 이번 장에서 다루는 영혼의 신화를 공부하면서 우리가 어디에서 왔는지, 왜 이곳에 왔는지, 그리고 어디로 가게 될 것인지에 관해 더욱 깊게 이해할 수 있으리라 생각한다.

앞서 여러 차례 강조했듯이, 모든 신화는 우화, 심볼, 그림의 형태로 영적 진리를 보관하고 있는 소통 수단이다. 따라서 인간은 이성의 힘을 빌리지 않고도 신화에 담긴 가르침을 자연스럽게 이해할 수 있다. 동화가 그림과 이미지로 아이에게 깨달음을 주듯이, 신화는 유아기 시절의 인류에게 중요한 영적 진리를 전파하기 위한 목적으로 고안되었다.

집단 영[60]은 개체가 어떻게 느끼고 행동해야 하는지

---

60) Group spirit. 인간에 비해 상대적으로 자아$_{ego}$가 발달되지 않은 동물과 식물의 세상에서는 '개인' 또는 '개성'의 개념이 희박하며, 따라서 개인의 의지보다는 집단의 의지를 따른다.

에 대한 이미지를 보여줌으로써 동물에게 영향을 준다. 마찬가지로 신화에 포함된 우화적인 그림은 인간의 의식 성장을 위한 토대를 마련했다. 신화는 인간의 잠재의식에 작용함으로써 인류가 오늘날의 수준에 이르도록 돕는 구실을 했다.

지금도 신화는 인류가 미래에 효과적으로 대비할 수 있도록 여러 방면으로 돕고 있지만, 영향을 주는 정도는 지역과 민족마다 조금씩 다르다. 제국과 문명의 순환은 태양의 움직임을 따라 동에서 서쪽으로 이동해왔고, 신화의 흔적이 거의 사라진 태평양 연안 지역에서는 인간이 더욱 직접적인 방식으로 영적 현실과 소통하고 있다. 하지만 동쪽으로 더 멀리 가면, 구체적으로 말해 유럽에는 신비주의의 기운이 아직도 살아 숨 쉬고 있다. 이 지역 사람들은 불가해한 방식으로 서양인에게 가르침을 전하는 고대의 신화를 지금도 사랑한다. 노르웨이의 피오르[61]와 펠드[62], 스코틀랜드의 황야, 독일의

---

61) Fjord. 협만峽灣.
62) Fjeld. 빙하 침식으로 생긴 불모의 대지.

블랙 포레스트[63], 그리고 고산 빙하 지역에 거주하는 주민들의 영적 삶은 천 년 전 사람들의 삶처럼 심오하고 신비스럽다. 지식의 습득으로 성장을 추구하는 우리와는 달리, 이들은 자연의 정령과 동화에서나 나올법한 현실과 긴밀하게 교감한다. 우리가 그 느낌을 되찾아 현대의 지식과 접목할 수 있다면 성장의 여정에서 천군만마를 얻을 수 있을 것이다. 따라서 이번 장에서는 고대로부터 전해지는 신비스러운 이야기 중 북유럽의 위대한 대서사시, 《니벨룽의 반지》를 공부하고 우리 것으로 만들어보도록 하자. 이 서사시는 오랜 옛날 인류가 아틀란티스[64]에 거주하던 시절부터 시작해서 장차 불의 대재앙을 맞고 성경의 예언대로 천국의 왕국을 새로 건설하는 이야기를 주제로 삼고 있다.

성경에 따르면 우리의 첫 번째 조상은 에덴동산에서 신과 직접 소통했던 순수하고 결백한 자녀들이었다. 하지만 이 평화는 오래가지 않았고, 세상에는 슬픔, 죄,

---

[63] Black Forest. 독일 바덴뷔르템베르크에 위치한 신비의 숲 지대.
[64] Atlantis. 플라톤이 《티마이오스Timaeus》와 《크리티아스Critias》에서 언급했던 미지의 대륙으로, 하룻밤 만에 침몰한 것으로 전해지고 있다.

죽음이 생겨났다. 니벨룽의 반지에도 인류가 아이처럼 순수한 상태로 살아가는 황금시대에 관한 이야기가 등장한다. 바그너가 창작한 이 대하 드라마의 첫 번째 장면은 라인Rhine의 물 아래에서 살고 있던 인류의 삶을 상징적으로 표현하고 있다. 라인의 여인들이 파도의 리듬에 맞춰 노래하면서 헤엄친다. 밝게 빛나는 황금 봉오리가 물을 환하게 비추고 있고, 라인의 딸들은 행성들이 태양을 중심으로 공전하듯이 황금 주위를 유유히 돌고 있다. 천체들이 빛을 비추는 태양 주위를 맴돌며 춤추는 대우주의 모습을 소우주 규모로 재현한 것이다.

라인의 여인들은 바다 아래, 짙은 안개와 습기로 뒤덮인 아틀란티스에 살던 시절의 인류이며, 태양처럼 바다를 환하게 밝히는 황금은 인류를 보살피고 지도하던 우주의 영을 상징한다. 당시의 인간은 우리처럼 명확하게 사물의 윤곽을 인지할 수 없었지만, 내면의 지각 능력과 영혼의 힘은 우리보다 훨씬 예리했다.

개인의 영은 자아를 의식하며 '나'를 다른 존재와 분별한다. 하지만 초기 아틀란티스에서 살던 어린 인류는 이 분리의 개념을 이해하지 못했다. 당시에는 '나'와 '너'의 개념이 없었다. 모든 인간이 거대한 가족의 일원이었고, 신성한 아버지의 자녀들이었다. 아이들이 생필품에 대해 걱정하지 않듯이, 그들도 먹고사는 문제를 걱정하지 않았다. 시간도 두려움의 대상이 아니라 모두가 즐겁게 가지고 놀 수 있는 장난감이었다.

하지만 낙원의 상태가 영구적으로 지속되면 성장이 있을 수 없다. 어린아이가 성인으로 자라나서 삶이라는 전쟁터에 뛰어들어야 하듯이, 아기 인류도 안락한 집을 떠나야만 했다. 아틀란티스를 뒤덮고 있던 물이 응결되고 지구의 분지를 메우면서 그들은 저지대에서 기어 나와 고지로 이동했다. 고대의 이스라엘 백성이 홍해를 건너 약속의 땅에 정착하고, 대홍수가 난 후 노아[65]가 고향을 떠난 것처럼, 진화를 거듭하던 인류도 세월이 흐르면서 물이 지배하던 바다에서 공기가 지배하는 땅

---

[65] Noah. 아브라함 종교Abrahamic Religions(기독교, 이슬람, 유대교)의 열 번째이자 대홍수 이전의 마지막 족장. 하나님의 지시에 따라 거대한 방주를 지어 대홍수 속에서 가족과 동물들을 살린 인물로 전해지고 있다. 힌두교에서는 대홍수 당시 비슈누Vishnu의 첫 번째 아바타Avatar가 거대한 물고기로 변신하여 배에 탄 인류의 생존자들을 구했다고 설명한다.

으로 거처를 옮겼다.

북유럽 신화에서는 이 이야기를 약간 다른 관점에서 설명하고 있지만, 본질적인 내용은 성경의 기록과 사실상 같다. 에덴동산에서 마음껏 노닐던 우리 조상은 스스로 생각할 줄 몰랐다. 자아의식이 없는 아기가 무조건 부모의 말을 따르는 것처럼, 이들도 이의를 제기하지 않고 자기를 지도해주는 리더들의 지시에 순종했다. 이 시절에는 개성individuality이 없었기 때문이다. 성경에 의하면 루시퍼가 인간도 선과 악을 앎으로써 신처럼 될 수 있다는 생각을 심어준 후에 비로소 인간의 자아의식이 생겨났다.

게르만(북유럽) 신화에 따르면 어느 날 안개의 아들, 알베리히가 라인을 밝혔던 황금을 차지하겠다는 욕심을 품었다. ('*Niebel*'은 '안개', '*ung*'은 '아이'를 각각 의미한다. 그래서 안개가 자욱한 아틀란티스에 살았던 초기 인류는 '니벨룽'으로 불렸다.) 라인의 황금으로 반지를 만들 수 있는 자는 인간 위에 군림하며 세상을 호령할 수 있다는 얘기를 들은 알베리히는 황금이 있는 봉오리로 헤엄쳐 보물을 훔쳤다. 소중한 보물을 빼앗긴 라인의 딸들이 그를 추격했지만, 그는 신속하게 땅으로 도망쳤다.

수면 위로 떠 오른 도둑 알베리히의 귀에 목소리가 들려왔다. "*라인의 황금으로 세상을 지배하는 반지를 만들기 위해서는 사랑을 버려야 한다.*" 그는 곧바로 사랑을 내다 버렸고, 본격적으로 지구의 보물을 훔치고 세상의 모든 부와 권력을 차지하는 작업에 착수했다.

다시 한번 얘기하지만, 라인의 봉오리에 묻혀 있던 금은 누구도 혼자 소유할 수 없는 우주의 영이며, 알베리히는 자아의식에 눈을 뜬 인간 중 제일 먼저 새로운 세상을 정복하겠다는 야욕을 품은 자를 상징한다. 이들은 내면에 영혼(자아)이 깃든 후 고향을 떠나 고지로 이동했다. 우리가 지금 사는 세상인 아리아나[66]로 거처

---

66) Aryana. 고대의 인도아리아인들Indo-Aryan이 살았던 곳. (다섯 번째 시대) 19세기에 서양 학자들이 인도의 고전 리그베다Rig Veda의 내용을 오역하면서 아리아인Aryan을 금발 머리를 가진 유럽인들과 동일시하게 되었으며, 독일의 나치는 이를 한 단계 더 왜곡하여 인종청소의 명분으로 삼았다. 미국의 철학자 맨리 P. 홀은 구약성경에 등장하는 '이스라엘 백성'이라는 표현이 특정 국가와 민족에 국한되는 것이 아니라 인류 전체를 지칭하는 것이라고 설명했다. 맥스 하인델이 언급한 '아리아나'도 특정 지역이라기보다는 '땅 위의 세상'을 의미하는 표현으로 해석하는 것이 좋을 것 같다.

를 옮긴 후, 이들은 사물을 전보다 명확하게 인식하면서 모든 인간이 독립적인 개체임을 알게 되었다. '나'는 '남'과 다르고, 내가 성공하고 세상을 주무르기 위해서는 내가 독보적 위치에 서야 하고, 남이야 어찌 되든 내가 원하는 것을 얻고 지키기 위해 수단과 방법을 가리지 않아야 한다고 생각했다. 그래서 자기만의 영역을 표시하기 위해 가상의 고리ring를 만들어 자신을 에워쌌고, 고리 안에 있는 것이 바로 '나'이자 '나의 것'이라는 생각을 키우며 '남'을 적대시하기 시작했다. 이 고리 또는 반지, 즉, 인간과 인간을 분리하는 벽을 형성하기 위해서는 남을 사랑하는 마음을 버려야 했다. 그래야만 남의 안위를 무시하고 내가 원하는 것을 독점하여 세상을 얻을 수 있기 때문이다.

그런데 권력을 얻기 위해 자신을 고리 안에 가두고 싶어 하는 자는 비단 알베리히 뿐이 아니었다. *"위와 같이 아래에서도, 아래에서와 같이 위에서도"* 라는 헤르메스 철학의 격언에서도 알 수 있듯이, 인간과 함께 성장하는 신들도 권력을 탐했다. 그들도 고리로 자신을 둘러싸고 싶었던 것이다. 지구상에서 전쟁이 끊이지 않는 것처럼, 천국에서도 매일 전쟁이 벌어지고 있다. 지금도 세상의 많은 단체가 인간의 영혼을 지배하려는 흑심을 품고 있다. 이들의 자승자박 역시 자신을 에워싸는 고리로 표현된다.

제9장. 신들의 반지

알베리히가 우주의 영을 상징하는 라인의 황금으로 시작도 없고 끝도 없는 영을 모방한 반지를 만들어 내면서 자아의식을 가진 에고가 탄생하게 되었다. 반지의 고리 안에서는 내가 천상천하 유아독존이자 최고 지도자가 되며, 그 영역을 침범하는 자는 절대 용서되지 않는다. 즉, 형제애[67]를 초월하는 존재가 되는 것이다. 인간은 성경에 등장하는 탕아처럼 아버지의 집을 뛰쳐나와 멀리 가출했지만, 물질의 껍데기를 먹고 사는 초라한 신세가 되었다는 사실을 미처 깨닫기도 전에 종교(신들)가 개입하여 길 잃은 자녀를 다시 집으로 인도한다. 물질 세상의 신기루와 망상으로부터 인간을 해방하고, 육신을 가진 존재가 피할 수 없는 죽음의 운명으로부터 구원하고, 진리와 영생을 향해 나아가는 길을 보여주는 것이다.

---

67) Fellowship. 절대 반지를 파괴하기 위해 모인 영웅들의 이야기를 담은 톨킨J. R. R. Tolkien의 3부작, 《반지의 제왕Lord of the Rings》의 제1부 제목은 《반지 원정대The Fellowship of the Ring》다. 전문가들 사이에서 의견이 분분하긴 하지만, 톨킨이 《니벨룽의 반지》로부터 영감을 받아 이 작품을 썼다는 설도 있다.

게르만 신화에서 신들은 종교의 수호자를 상징한다. 신 중의 으뜸은 로마의 머큐리Mercury, 水星와 동일시되는 보탄[68]이다. 지금도 수요일Wednesday, Wotan's Day 또는 Odin's Day은 보탄을 기념하는 날로 지정되어 있다. 노르웨이의 비너스Venus, 金星로 불리는 아름다움의 여신, 프라이아는 신들의 젊음을 보존하는 황금 사과를 재배한다. 그녀를 기념하는 날은 금요일Friday, Freya's Day이다. 신화에 따르면 북유럽의 주피터Jupiter, 木星에 해당하는 토르[69]는 매일 전차를 타고 하늘을 가로지른다. 그의 전차가 지나갈 때 나는 소리가 천둥이며, 그가 큰 망치로 적을 내리칠 때마다 하늘에서 번개가 친다고 한다. 그를 기념하는 날은 목요일Thursday, Thor's Day이다. 로게[70]의 날은 토요일Saturday이다. 스칸디나비아의 언어에서 *Lorday*는 '불꽃'을 의미하는 *lue*에서 파생되었다. 엄밀히 말해 로게는 신이라기보다 거인족 또는 자연계의 힘과 연관이 있

---

[68] Wotan. 북유럽 신화에서는 오딘Odin으로 불리나, 악극 《니벨룽의 반지》에서 바그너는 그의 이름을 보탄으로 바꿨다.
[69] Thor. 《니벨룽의 반지》에서 바그너는 토르의 이름을 도너로 바꿨다.
[70] Loge. 북유럽 신화에서는 로키Loki로 표현되나, 역시 바그너가 로게로 바꿨다.

는 존재다[71]. 로게의 상징인 불꽃은 물질적인 불에 국한되지 않는다. 그는 허상의 심볼이며, 목적 달성을 위해 때로는 거인족을 배신하고 신들의 편에 섰다가 어떤 때는 신들을 속이고 거인족을 돕는 사기와 기만의 영이기도 하다. 로게는 불처럼 활활 타오르는 화성Mars, 火星의 영, 루시퍼와 같은 부정의 영이며, 동시에 차가운 토성Saturn, 土星처럼 삶을 가로막는 일을 즐기는 난봉꾼이기도 하다.

북유럽 신화에서는 앞선 시대(아틀란티스)에 물의 신들을 숭배했던 컬트에 대해서도 언급한다. 신화에 따르면 물을 다스리던 신들이 역사의 뒤안길로 사라지면서 보탄을 필두로 한 신세대 신들이 전면에 나서 무지개다리 비프뢰스트[72] 위에서 세상을 심판했다고 한다. 따라

---

[71] 그리스 신화에서 태양계의 일곱 천체 중 여섯 개(달, 수성, 금성, 태양, 화성, 목성)는 올림푸스 신에 해당되나, 토성은 정제되지 않은 자연계의 힘을 상징하는 거인 타이탄Titan으로 분류된다. 불을 관장하는 로게는 북유럽 신화에서 악마의 역할을 맡으며, 토성에 해당하는 그리스/로마 신화의 크로노스Cronus/사투르누스Saturnus는 자식마저 잡아먹는 악귀이자 저승사자로 묘사된다.

[72] Bifröst. 인간이 살고 있는 미드가르드Midgard와 신들의 영역인 아스가르드Asgard를 연결하는 다리. 톨킨의 《반지의 제왕》에서는 인간을 포함한 필사의 존재들이 사는 영역을 중간계Middle Earth라 부른다.

서 《니벨룽의 반지》 시대의 종교는 인간이 물속의 아틀란티스를 떠나 하늘이 탁 트인 아리아나로 이주하여 무지개를 처음 본 순간을 기원으로 하고 있다.

구약성경의 하나님은 대홍수가 지구를 물로 뒤덮었을 당시 초기 인류를 이끌었던 노아에게 구름 속에 무지개가 있는 한, 여름과 겨울, 낮과 밤의 순환이 멈추지 않을 것이라고 약속했다[73]. 북유럽 신화에서도 현시대가 출범한 순간에 신들이 무지개다리에 모였다고 전한다. 기독교의 계시록에 기록된 것처럼 현시대가 막을 내릴 때까지는 무지개다리와 신들도 존속할 것이며, 우리는 북유럽 신화를 통해 이 예언과 관련한 보다 구체적인 내용을 확인할 수 있다.

진리는 보편적이며 어떠한 제약도 받지 않는다. 진리에는 한계가 없다. 하지만 에고가 자아를 인식하면서 '나'와 '남'을 분리하는 제약의 고리를 만들어낸 후, 인간은 절대 진리를 이해하는 능력을 상실하게 되었다.

---

73) "땅이 있을 동안에는 심음과 거둠과 추위와 더위와 여름과 겨울과 낮과 밤이 쉬지 아니하리라." (구약성경 창세기 8장 22절) "내가 내 무지개를 구름 속에 두었나니 이것이 나의 세상과의 언약의 증거니라." (구약성경 창세기 9장 13절)

그 결과 인간은 종교의 순수하고 완전한 진리를 이해하지 못하고, 종교로부터 적절한 도움도 받을 수 없는 지경에 이르게 되었다. 따라서 어린이가 고학년을 대비하여 초등학생 때 기초부터 공부하듯이, 초기 인류에게도 단계적으로 성장할 수 있도록 도움을 주는 기초적인 원리만 담긴 종교(제한된 종교)가 주어졌다.

그런 이유로 종교의 수호자인 신화 속의 신들은 높은 장벽을 가진 철옹성을 지으려 하는 것으로 묘사된다. 성벽 안에 몸을 숨김으로써 종교에 제약을 가하려는 것이다. 영에 제약을 가하기 위해서는 물질 속에 파묻어야 한다. 그래서 신들은 사기와 허상의 영인 로게의 조언에 따라 이기심을 상징하는 거인 파프너, 파졸트와 제약의 벽을 세우는 거래를 한다. 신들도 벽 안에 갇히면 우주의 빛과 지식을 잃는다. 신화에서는 발할[74]을 지어주는 대금의 일부로 신들이 두 거인에게 태양과 달을 지급하기로 약속했다고 설명한다.

---

74) Valhal, Valhalla. 아스가르드에 지어진 거대한 마법의 성으로, 보탄이 지배하는 곳이다. 발할의 절반은 전쟁에서 사망한 영웅들을 위해 예비된 영역으로 보탄이 관장하며, 나머지 절반은 프라이아가 관리하는 초원이다.

종교가 교리의 벽 안에 갇혀 자신을 구속하면 부패의 영이 뿌리를 내리기 시작한다. 낡은 누더기처럼 너덜너덜한 상태로 변해버리는 것이다. 지혜와 이성의 신인 보탄은 신들에게 영원한 젊음을 선사하는 황금 사과를 재배하는 아름다움의 여신, 프라이아까지 거인들에게 주겠다고 약속한다. 로게의 감언이설에 귀를 기울인 신들은 빛, 지식, 영원한 젊음의 희망까지 다 내어주며 쓸모없는 존재로 전락하게 된다. 하지만 앞에서 얘기했듯이, 종교가 이렇게 자체적으로 제약을 건 것은 필요한 일이었다. 당시의 인류는 진리의 전부를 받아들이고 이해하는 능력이 없었기 때문이다. 사실 지금도 제대로 이해하지 못하고 있다.

구약성경에 등장하는 아론[75]의 마법 지팡이, 파르지팔의 성창, 니벨룽 신화에서 보탄이 들고 다니는 창은 모두 종교의 영적 힘을 상징하는 심볼들이다. 보탄이 거인족과 거래하는 순간, 계약이 파기될 수 없도록 그의 창에 마법의 문자들이 새겨지면서 위력이 약화되었

---

75)　Aaron. 구약시대의 선지자, 대제사장, 모세의 형이자 대변인.

〈프라이아 여신을 인질로 잡는 거인, 파프너와 파졸트〉

다. 종교가 속세의 지도자와 계약을 맺고 저급한 야망을 좇으며 물질을 탐하면 영적 힘이 약해진다는 것을 잘 보여주는 비유다.

북유럽의 가르침에 따르면 전쟁터에서 목숨 걸고 싸우다 장렬히 산화한 전사들만 발할에 입성할 수 있다. 보탄은 강하고 용맹스러운 전사들에게만 천국에 갈 수 있는 자격을 부여하며, 병사하거나 침대 위에 누워서 평화롭게 죽음을 맞이한 자들은 지하세계로 간다. 여기에도 깊은 가르침이 있다. 이승에서 마지막 숨을 내뱉을 때까지 두려워하지 않고 삶과 치열한 전쟁을 치른 용감하고 고결한 자들만이 성장하는 자격을 얻을 수 있다는 뜻이다. 세상에 부딪혀 자신에게 주어진 책무를 다하려는 생각은 안 하고 안락함과 평화만을 추구하는 기피자들은 인생의 학교에서 승급할 수 없다. 어떤 분야에 종사하며 어떤 경험을 하고 있는지는 상관없다. 나에게 닥치는 삶의 과제에 얼마나 충실하게 맞서 싸우고 있느냐가 중요한 것이다. 1~2년 동안 열심히 살다가 게을러지면 소용없다. 숨통이 끊어지는 날까지 계속 노력하고 분투해야 한다.

북유럽의 종교가 *"참고 선을 행해야 한다.[76]"* 는 바울의 조언과 같은 가르침을 전하고 있는 것이다. 비록 진리의 전부를 깨우치지는 못하더라도, 만물이 분리된 세상에서 태생적인 제약을 받을 수밖에 없더라도, 니벨룽의 반지가 상징하는 이기주의와 신들의 벽이 상징하는 교리와 관습 때문에 손발이 묶이더라도, 최선을 다하여 죽는 날까지 열심히 살면 조금 더 성장한 상태에서 다음 생을 맞이할 것이라는 확신을 얻을 수 있다. 자기 인생을 주도하며 열심히 살면 이기주의의 베일이 시야를 가리고 있더라도 전보다 선명하게 현실을 볼 수 있다. 기록을 담당하는 천사들[77]은 단 한 치의 실수도 범하지 않는다. 우리가 현재 상황에 처해있는 이유는, 그 상황을 체험하면서 배워야 할 것이 있고, 배움을 통해 더욱 쓸모 있는 사람이 되어 앞으로 더 큰 일을 해야 하기 때문이다.

---

76) "참고 선을 행하여 영광과 존귀와 썩지 아니함을 구하는 자에게는 영생으로 하시고." (신약성경 로마서 2장 7절)
77) Recording Angels. 유대교, 기독교, 이슬람의 천사론Angelology에서 하나님의 명을 받들어 모든 인간의 행실과 기도를 기록하는 천사들.

지금까지 설명한 내용을 들으며 잘 이해했으리라 생각하지만, 오늘날 교회가 교리와 예식에 속박되어 있는 이유는 (많은 사람의 생각과 달리) 악해서가 아니라, 제약이라는 물질 세상의 속성에 의해 발생한 필연적인 결과이기 때문이다. 우리는 각자 자기 수준에 맞게 진리를 접하고 이해할 수 있는 데까지 이해한다. 남을 신경 쓰고 걱정할 필요는 없다. 영원히 길을 잃는 사람은 없고, 있을 수도 없다. 우리는 모두 *"그를 힘입어 살며 기동하는*[78]*"* 존재들이다. 단 한 명의 인간이라도 길을 잃는다는 것은 우주 만물을 창조한 신성한 작가의 일부가 세상에서 사라진다는 뜻인데, 그건 상상조차 할 수 없는 일이다.

인류의 대다수가 지금도 정교회[79]에 의지하며 살고

---

78) "우리가 그를 힘입어 살며 기동하며 있느니라. 너희 시인 중에도 어떤 사람들의 말과 같이 우리가 그의 소생이라 하니." (신약성경 사도행전 17장 28절)
79) Orthodox religion. 종교기관에서 정한 교리를 준수하며 종교활동을 하는 것. 기독교의 교리는 325년부터 787년까지 일곱 차례에 걸쳐 열린 공의회를 통해 제정되었다. 제1회 니케아 공의회(325년), 제1회 콘스탄티노폴리스 공의회(381년), 에베소 공의회(431년), 칼케돈 공의회(451년), 제2회 콘스탄티노폴리스 공의회(553년), 제3회 콘스탄티노폴리스 공의회(680~681년), 제2회 니케아 공의회(787년).

있는 것이 현실이지만, 세상에는 직관의 힘으로 아직 봉인이 해제되지 않은 높은 차원의 영적 진리를 인지하고, 교리의 벽을 넘어 진리의 빛을 볼 줄 아는 소수의 인간도 있다. 교리가 제공하는 껍데기만으로는 영적 굶주림을 채우지 못하는 이들의 영혼은 프라이아가 제공하는 젊음의 사과와 신들이 거인족에게 팔아넘긴 사랑을 갈구한다. 거인들에게 프라이아를 빼앗긴 신들은 빠른 속도로 늙어간다. 사랑을 상실한 종교는 결코 신도들을 오래 붙들어들 수 없기 때문이다. 그래서 신들은 이 딜레마를 해소하기 위해 다시 사기와 기만의 영, 로게의 조언을 구한다. 로게는 알베리히가 그의 형제들을 노예로 삼아 엄청난 부를 손에 쥐게 되었다는 소식을 신들에게 전하고, 신들의 승인 아래 교묘한 속임수로 알베리히를 사로잡아 그가 불법적으로 취득한 보물을 모두 뱉어내게 만든다. 그리고 거인들의 탐욕을 역이용하여 그들의 손아귀에서 프라이아를 구출한다.

결국 반지(이기주의)의 저주가 신들마저 타락시킨 것이다. 알베리히는 반지(권력)를 얻기 위해 사랑을 버리

<프라이아를 빼앗긴 후 급속도로 늙어가는 신들>

고, 철권으로 형제들을 핍박하며 노예로 부렸다. 종교를 상징하는 신들도 프라이아를 거인족에게 팔아넘김으로써 사랑을 저버렸다. 종교는 또 속세의 지배자들(알베리히)이 교회에 경의를 표하도록 사기를 쳤다. 니벨룽의 반지가 거인들의 손으로 넘어갔을 때 악의 운명도 함께 따라갔고, 두 거인 형제는 세상의 모든 부를 독차지하기 위해 반지를 두고 다투다가 살상까지 하게 된다. (파프너가 몽둥이로 파졸트를 때려죽인다.)

신들은 우여곡절 끝에 프라이아를 돌려받지만, 그녀는 이제 순수한 사랑의 여신이 아니었다. 노리개 취급을 받으며 유린당한 프라이아는 껍데기만 남았고, 사물의 표면을 꿰뚫고 내면의 본질을 볼 줄 아는 직관의 소유자들에게 줄 수 있는 것이 없게 되었다. 북유럽 신화에서는 이 구도자들을 벨중Wälsung이라 부른다. 첫 번째 음절은 '선택하다'를 의미하는 독일어 단어 '*wählen*' 또는 스칸디나비아의 '*vaelge*'에서 유래되었다. 두 번째 음절은 '아이'를 의미한다. 따라서 벨중은 '자유의지와 선택권을 열망하는 아이들', 즉, 내면의 신성한 본능을 따르며 자신의 의지대로 삶을 주도하고 싶어 하는 사람을 의미한다.

<발퀴레 자매의 리더, 브륀힐데>

《발퀴레》 줄거리 요약

제1막

 배경은 신화의 시대. 신들의 으뜸인 보탄은 자신이 낳은 인간 쌍둥이 남매, 지크문트와 지클린데를 이용하여 마법의 반지를 되찾을 수 있으리라 생각한다. 두 남매는 어려서부터 따로 성장한다.

 하루는 전투에서 상처를 입은 지크문트가 훈딩이라는 사람이 기거하는 집에 당도한다. 알고 보니 훈딩은 지크문트가 맞서 싸웠던 적군의 일원이었다. 둘은 다음 날 결투를 벌이기로 한다. 훈딩의 부인, 지클린데는 예전에 어떤 노인이 훈딩의 집 마당에 서 있는 거대한 물푸레나무에 검을 박아 넣었다는 이야기를 지크문트에게 들려준다. 대화를 통해 두 사람은 어렸을 때 헤어진 남매라는 사실을 알게 된다. 지크문트는 손쉽게 나무에서 검을 빼내고, '노퉁'이라는 이름을 지어준다.

제2막

 보탄은 지크문트가 결투에서 승리하기를 바라지만, 결혼을 관장하는 그의 부인 프리카는 지크문트와 지클린데의 불륜과

근친상간을 용인하지 않는다. 보탄은 마지못해 딸 브륀힐데에게 두 사람의 결투에서 훈딩을 도우라고 명한다.

결투의 장소에 도착한 브륀힐데는 지크문트와 지클린데가 진심으로 서로를 사랑하고 있다는 사실을 확인한다. 브륀힐데는 결국 아버지의 명을 어기고 지크문트를 돕는다. 하지만 지크문트가 노퉁으로 훈딩을 내려치려는 순간, 보탄이 개입하여 그의 검을 박살 낸다. 이 틈을 타서 훈딩은 지크문트를 창으로 찌르고, 브륀힐데는 다급하게 지클린데와 도망친다.

제3막

보탄에게 쫓기는 브륀힐데는 발퀴레 자매들을 찾아가 도움을 청하지만, 자매들은 불똥이 튀는 것을 두려워한 나머지 브륀힐데의 청을 거절한다.

브륀힐데는 지클린데가 곧 지크문트의 아이를 출산하게 될 것이라고 그녀에게 전한 후, 산산이 조각난 노퉁의 파편을 챙겨 숲으로 도망치도록 조처한다.

브륀힐데를 찾아낸 보탄은 자신의 명을 어긴 딸에게 분노하며 지나가는 나그네 아무에게나 시집을 보내겠다고 저주한다.

발퀴레로서의 신격을 박탈당한 브륀힐데는 인간이 된다. 보탄은 그녀를 산꼭대기로 데려가 영원한 잠에 빠지는 형벌을 내리고, 범부가 함부로 접근할 수 없도록 로게의 힘을 빌려 그녀 주위에 불의 고리를 만든다. 사랑하는 딸을 위해 아버지로서 할 수 있는 최소한의 배려를 한 것이다.

등장인물

「인간」

- 지크문트 (Siegmund): 보탄의 벨중 족 아들. 지클린데의 쌍둥이 오빠. (테너)
- 지클린데 (Sieglinde): 보탄의 벨중 족 딸. 지크문트의 쌍둥이 누이. (소프라노)
- 훈딩 (Hunding): 나이둥 족. 지클린데의 남편. (베이스)

「신」

- 보탄 (Wotan): 전쟁과 계약의 신. 신들의 지배자. (베이스-바리톤)
- 프리카 (Fricka): 가정의 여신. 보탄의 부인. (메조소프라노)

「발퀴레」

- 브륀힐데 (Brünnhilde): 보탄과 에르다의 딸. (소프라노)
- 게르힐데 (Gerhilde): 보탄의 딸. (소프라노)
- 오르틀린데 (Ortlinde): 보탄의 딸. (소프라노)
- 발트라우테 (Waltraute): 보탄의 딸. (메조소프라노)
- 슈베르틀라이테 (Schwertleite): 보탄의 딸. (콘트라알토)
- 헬름비게 (Helmwige): 보탄의 딸. (소프라노)
- 지그루네 (Siegrune): 보탄의 딸. (메조소프라노)
- 그림게르데 (Grimgerde): 보탄의 딸. (메조소프라노)
- 로스바이세 (Roßweiße): 보탄의 딸. (메조소프라노)

제10장. 발퀴레

《발퀴레》는 북유럽의 니벨룽 신화를 바탕으로 한 바그너의 위대한 악극의 두 번째 파트다. 전 장의 후반부에서 잠시 언급했던 벨중과 마찬가지로 발퀴레도 보탄의 자녀들이다.

발퀴레의 역할에서 그 이름이 매우 적절하다는 것을 알 수 있다. 발퀴레의 임무는 전쟁터로 출격하여 적의 칼날에 쓰러진 전사들을 말에 태워 발할로 데려오는 것이다. 전쟁이 벌어지는 전장은 *'Valplads'*로 불렸고, 발할은 진리를 위해 싸우다 쓰러진 용맹스러운 영혼들이 보탄의 곁에 머무르면서 영원한 지복을 누리는 곳이다. 진리의 영을 상징하는 브륀힐데는 발퀴레 자매 중의 으뜸으로, 보탄이 가장 사랑하는 딸이다.

신들이 스스로 자신을 구속하고 교리의 벽(발할)으로 진리를 감추자, 진리를 추구하는 구도자들인 벨중 족이 반항하며 들고 일어선다. 신화에 등장하는 여러 벨중의 이름은 진리의 한 단면을 상징한다. 벨중 족 이름의 뿌리 또는 성이라 할 수 있는 독일어 단어 *'Sieg'*는 '승리'

를 의미한다. 어떤 시련과 난관에 부딪히더라도 궁극적으로는 항상 진리가 승리하는 법이므로 아주 적절하다고 할 수 있다.

용감한 지크문트는 자기에게 닥칠 수 있는 후환에도 아랑곳하지 않고 진리를 구하기 위해 싸우며, 결국엔 그 대담함 때문에 죽는다. 그가 왜, 어떻게 죽었는지 잠시 후에 자세히 다룰 것이다. 그의 누이이자 부인인 지클린데도 마음속에는 오빠처럼 진리를 추구하고픈 충동이 있지만, 감히 실행으로는 옮기지 못하고 절망에 빠져 죽는다. 하지만 그녀는 '승리를 통해 평화를 얻는' 아들 지크프리트에게 진리에 대한 열망을 전수한다. 한 세대의 구도자들이 진리를 구하는 데 실패하더라도 꿈이 후세에 계승되고, 결국에는 진리가 교리를 정복하고 홀로 당당하게 서게 된다는 뜻이다.

앞으로 다루게 될 아름다운 이야기의 주요 사건들을 미리 얘기한 감이 있지만, 중요하고도 중요한 다음 격언을 여러 차례 강조해야 할 필요성을 느낀다. *"우리가*

이제는 거울로 보는 것같이 희미하나.[80]" 사방에서 물질의 벽이 우리를 구속하며 시야를 가리지만, *"주께서 나를 아신 것같이 내가 온전히 아는"* 날이 점차 다가오고 있다.

 진리를 구하겠다는 열망을 이기지 못하고 지크문트가 발할을 떠나자 격노한 보탄은 벨중 족의 자립심에 제동을 걸기 위해 지클린데와 관습의 영을 상징하는 훈딩의 결혼을 명한다. 지클린데는 오빠 지크문트처럼 조상의 방식과 관습을 뿌리칠 용기가 없기 때문에 훈딩의 손아귀에 안겨 괴로워하며 발버둥 친다. 즉, 지클린데는 전통에 대항하고픈 마음은 있으나 주변의 시선과 평가가 두려워 교리를 거부하지 못하고 세상의 관습에 얽매여 있는(결혼한) 사람을 상징한다. 이들은 진정한 구도자의 길을 걸을 용기가 없는 자신에 대해 속으로 분개하지만, 모범시민이라는 대외 이미지를 유지하기 위해 마음에도 없는 관습을 따르고 주일마다 다른 신도들

---

80) "우리가 이제는 거울로 보는 것같이 희미하나 그 때에는 얼굴과 얼굴을 대하여 볼 것이요, 이제는 내가 부분적으로 아나 그 때에는 주께서 나를 아신 것같이 내가 온전히 알리라." (신약성경 고린도전서 13장 12절)

처럼 교회에 나가서 예배를 보는 사람들이다.

어느 날 적들에게 쫓기던 지크문트는 우연히 훈딩의 집으로 숨어들어 누이를 만난다. 처음에는 그녀가 누구인지 모르지만, 나중에 서로를 알아본 후 지크문트는 지클린데에게 함께 도망치자고 제안한다. 도망치는 행동이 관습을 상징하는 훈딩의 분노를 사고 신들도 용인하지 않을 것이라는 사실을 잘 아는 지크문트는 다가오는 전투에 대비해 노퉁Nothung이라는 마법의 검을 챙겨 떠난다. *'Noth'*는 '필요한 것' 또는 '곤경'을 의미하며, *'ung'*은 앞서 봤듯이 '아이'를 뜻한다. 즉, 노퉁은 '곤경에 처한 아이' 또는 '절망 속에서 태어나는 용기'를 의미한다. 노퉁은 이런 비상사태에 대비하여 노인으로 변장한 보탄이 직접 위그드라실 나무의 몸통에 꽂아 넣었던 검이다. 노퉁의 아름다운 심볼리즘과 앞뒤가 맞지 않는 것처럼 보이는 보탄의 행동을 이해하기 위해서는 위그드라실, 세상의 물푸레나무The World Ash, 북유럽의 생명 나무Tree of Life에 대한 신화의 설명을 자세히 살펴볼 필요가 있다.

〈세상 나무에서 '노퉁'을 뽑아 든 지크문트〉

북유럽 신화에 따르면 위그드라실은 땅에 뿌리를 두고 있고, 가지가 천국에까지 이를 정도로 거대한 나무다. 뿌리의 한 가닥은 헬[81]이 거주하는 지하세계에 묻혀 있다. 헬은 병으로 죽어서 보탄이 있는 발할에 입성하지 못한 영혼들을 지배하는 고약한 쭈그렁 할망구다. 삶의 전투에서 끝까지 싸우지 않고 나태하게 세월을 낭비한 사람들이 가는 곳이 바로 헬의 지하세계다. 헬에게는 두 명의 형제가 있는데, 이들은 헬을 가까이서 보필하고 인간의 행복을 위해 노력하는 신들에게 대항하며 늘 다툰다. 헬의 형제와 아버지(로케)는 죽음이 지배하는 물질 세상을 구성하는 원소들을 각각 상징한다. 첫째는 온몸으로 지구를 둘러싸며 자신의 꼬리를 물고 있는 무시무시한 괴물, 미드가르드의 큰 뱀[82]이다. 이 거대한 뱀은 바다를 상징한다. (4대 원소 중 '물') 둘째는 교활하고 힘이 세서 아무도 사로잡을 수 없는 늑대 펜

---

[81] Hel. 북유럽 신화에서 지하세계를 다스리는 존재. 그리스 신화에서 지하세계의 이름과 그 곳을 다스리는 신의 이름이 하데스Hades이듯이, 헬이 다스리는 지하세계의 이름도 헬이다. 영어로 '지옥'을 의미하는 단어 'hell'이 여기서 유래되었다.

[82] Midgard Serpent. 요르뭉간드Jörmungandr라는 이름으로도 불린다. 이 이름은 '큰 괴물'을 의미한다.

리르[83]다. 펜리르는 지구의 대기와 누구도 다스릴 수 없는 바람을 상징한다. (4대 원소 중 '공기') 우리에게 이미 익숙한 로게는 삼 남매의 아버지로, 불, 사기, 허상의 영이다. (4대 원소 중 '불') 물론 지하세계의 주인인 헬은 '흙'을 상징한다. (4대 원소 중 '흙') 위그드라실의 두 번째 뿌리는 서리 거인[84]이 거주하는 혼돈의 세상, 카오스Chaos에 묻혀 있다. 우주 만물이 바로 이 카오스에서 탄생했다. 그리고 마지막 세 번째 뿌리는 신들의 세상에 연결되어 있다.

헬의 지하세계에서는 뱀 니드호그[85]가 계속 위그드라실의 뿌리를 갉아 먹고 있다. 니드호그는 선에 맞서는 질투와 적의의 영으로, *'nid'*는 '질투', *'hog'*는 '쓰러트린다'를 각각 의미한다. 북유럽의 생명 나무 위그드라실은 사랑을 양분으로 삼으며, 니드호그가 질투와 적의로 계속 뿌리를 갉아 먹으면 나무가 죽어 헬에 떨어지게 된다. 하지만 신들이 거주하는 구역에는 우르다르부

---

83) Fenris. '늪지에 거주하는 자'라는 뜻이다.
84) Frost Giants. 요툰Jötunn이라는 이름으로도 불린다.
85) Níðhöggr. '악의적인 공격자'라는 뜻이다.

른느[86)]라는 샘이 있고, 그 옆에서 세 명의 노른Norns 또는 운명의 여신Fates들이 생명의 물을 긷고 있다. 이 물은 영적 원동력을 상징하는 것으로, 위그드라실의 잎을 신선하고 초록빛으로 유지하는 역할을 한다. 세 노른의 이름은 각각 우르드Urd, 스쿨드Skuld, 베르단디Verdande다. 우르드는 '과거', '태고의', 또는 인간과 우주가 생겨나기 이전의 '동정의 상태'를 의미하는 독일어 *ur*'에서 유래되었다. 그녀는 우리가 과거에 만든 운명(원인)의 실을 베틀로 계속 돌린다. '현재'를 상징하는 두 번째 노른, 스쿨드의 이름은 '빚'을 의미한다. 그녀는 우르드가 실의 형태로 보내는 과거의 운명을 받아 우리가 이번 생에서 갚아야 할 빚을 실로 만든다. 그다음에는 세 번째 노른, 베르단디가 스쿨드로부터 과거와 현재가 담긴 실을 넘겨받는다. 베르단디의 이름은 '~되다'를 의미하는 독일어 *werdende*'에서 유래되었다. '미래'를 상징하는 베르단디는 인간이 이번 생에서 갚은 빚을 상징하는 실을 받아 하나씩 잘라버린다. 노른의 아름다운 심볼리즘은 우리가 전생에서 만들어낸 원인이 이번 생에서 결

---

86) Urðarbrunnr. '우르드의 우물'이라는 뜻이다.

과로 나타나고, 그 빚을 갚으면 카르마의 채무 관계가 완전히 청산된다는 진리를 표현하고 있다.

신화에 따르면 이 세 명 외에도 많은 노른이 활동했으며, 이들은 모든 인간의 탄생을 주관하고 아기들의 운명을 지도했다고 한다. 노른은 눈에 보이지 않는 존재, 외르로그[87]의 지시를 따랐다. 이 이름은 '태고의'를 의미하는 *ur*'와 '법'을 의미하는 *'log'*의 합성어다. 즉, 노른은 신들의 하수인이 아니다. 인간의 운명은 신들의 변덕에 의해 좌지우지되는 것이 아니라 인과관계의 법칙이라는 자연의 규율에 의해 정해진다는 가르침이 바로 노른 심볼리즘의 핵심이다.

위그드라실의 세 번째 뿌리가 박힌 곳, 서리 거인이 거주하고 있는 지역에는 미미르[88]의 샘이 있다. 서리 거인(자연계의 힘)은 지구가 생기기 이전부터 존재했다. 역사 초기에 지구를 형성하는 작업에 참여했던 이들은 신들에게조차 감춰진 다양한 지식을 소유하고 있다. 지혜의 신인 보탄마저 과거에 대한 지식을 얻기 위해 미

---

87) Ørlog. "법을 초월한다"는 뜻이다.
88) Mímir. "기억하는 자, 지혜로운 자"라는 뜻이다.

미르의 샘물을 마시러 그곳에 갔었다[89]. 보탄은 자신의 생명을 재생하기 위해 우르드 샘의 물도 마셨다.

이처럼 인류의 진화를 돕는 집행관들도 매일 새롭게 배우기 위해 산다. 끊임없이 배움을 추구한다는 것은 신들도 실수할 수 있음을 의미한다. 신들의 으뜸인 보탄도 자신의 실수 때문에 곤경에 처한 자들이 자기방어를 위해 사용할 수 있도록 '절망 속에서 태어나는 용기'의 검, 노퉁을 위그드라실에 꽂아놓았다. 위그드라실의 아름다운 의미에 대해 할 얘기는 아주 많지만, 노퉁을 이해하기 위한 기초적인 지식은 충분히 전한 것 같다.

마법의 검, '절망 속에서 태어나는 용기'로 무장한 지크문트와 지클린데가 세상으로 나아가 진리를 구하기

---

89) 지혜의 신인 보탄(오딘)은 미미르의 샘물을 마시기 위해 자신의 눈 하나를 바쳤다. 그래서 그는 항상 애꾸눈을 가진 것으로 묘사된다. 고대인들의 가르침에 따르면, 인간은 두 눈으로 모든 것을 비교하고 상대적으로 평가하는 습성을 가지고 있기 때문에 절대 진리를 볼 수 없다고 한다. 그래서 예수는 현실을 직시하는 지혜를 갖기 위해서는 '눈을 하나로 만들어야 한다'고 말했다. 한글 성경에서는 이 대목이 '눈을 성하게 하라'는 식으로 번역되었지만, 킹 제임스 성경 King James Bible에는 다음과 같이 기록되어 있다. "The light of the body is the eye. If therefore thine eye be single, thy whole body shall be full of light." (신약성경 마태복음 6장 22절) 보탄이 눈 하나를 뽑은 것은, 사물을 상대적 관점에서 보지 않고 절대적 관점에서 보겠다는 것을 상징하는 심볼리즘이다.

위해 관습을 상징하는 훈딩의 집을 떠나자 훈딩은 분노하며 그들을 추격한다. 보탄의 지시도 필요 없이 두 남녀를 쫓아가 죽여버릴 기세다. 보탄은 발퀴레의 리더인 브륀힐데에게 지크문트와 훈딩이 결투를 벌이는 곳으로 가서 은밀하게 훈딩을 도우라고 명한다. 하지만 진리의 영(브륀힐데)이 진리를 추구하는 구도자(지크문트)를 상대로 싸울 수는 없는 노릇이다. 그래서 브륀힐데는 눈물을 머금고 보탄의 지시를 어긴다. 하지만 지크문트가 땅에 쓰러진 훈딩을 죽이려 검을 쳐든 순간, 보탄이 창을 던져 노퉁을 부러뜨린다. 무방비 상태가 된 지크문트는 훈딩의 반격에 속수무책으로 당하며 그 자리에서 죽는다.

구도자(지크문트)가 교회의 교리(보탄)와 사회의 관습(훈딩)을 상대로 싸우면 진리(브륀힐데)는 항상 구도자의 편에 선다. 하지만 구도자에게 '절망 속에서 태어나는 용기'를 선물한 종교의 순수한 힘이 보탄의 창이 상징하는 교리의 힘과 맞붙으면 구도자의 신념은 꺾이지 않더라도 목숨은 잃을 수 있다. 지크문트는 신념을 지키다 죽었고, 지클린데도 상심하여 그를 뒤따랐다. 하지만 브륀힐데의 도움으로 '승자'를 의미하는 아들 지크프리트는 살아남았다. 진리의 일부를 잠깐이라도 엿본 사람은 그 갈증이 해소될 때까지 결코 멈추지 않기 때문이다.

한편 교리의 벽, 발할을 떠나지 못하는 보탄은 자신의 명을 거역한 진리의 영, 브륀힐데를 추방해야 하는 상황에 놓인다. 독재의 속성을 가진 교리는 자신에 대한 모든 도전과 부정을 용납하지 않기 때문이다. 하지만 모든 종교에는 기본적으로 사랑하는 마음과 인류의 의식을 상승시키고자 하는 열망이 내재되어 있다. 따라서 보탄은 눈물을 흘리며 용서를 구하는 브륀힐데를 쳐냄으로써 자신이 채택한 정책을 집행해야 한다는 의무 때문에 깊은 슬픔에 빠진다. 진리와 이별하는 것은 큰 고통을 동반하는 일이며, 보탄과 브륀힐데 둘 다 그 슬픔을 말로 이루 표현하지 못한다. 교리에 속박되어 브륀힐데를 잠재워야 하는 보탄은 끝내 고백한다.

<보탄에게 쫓기며 자매들에게 도움을 청하는 브륀힐데와 지클린데>

"나보다 더 자유로운 자가 나타날 때까지 너는 결코 잠에서 깨어날 수 없으리라."

이 한마디로 보탄은 모든 구도자가 명심해야 할 필수 원리를 설명했다. 그리스도는 *"아버지와 어머니를 떠나지 못하는 자는 나의 제자가 될 수 없다.[90]"* 고 말했다. 진리를 구하는 여정을 성공적으로 마무리하기 위해서는 세상의 모든 제약을 쓸어내야 한다는 뜻이다.

---

90) "무릇 내게 오는 자가 자기 부모와 처자와 형제와 자매와 및 자기 목숨까지 미워하지 아니하면 능히 나의 제자가 되지 못하고." (신약성경 누가복음 14장 26절)

〈브륀힐데를 잠에서 깨우는 지크프리트〉

《지크프리트》 줄거리 요약

제1막

배경은 신화의 시대. 지크문트와 지클린데의 아들, 지크프리트는 니벨룽 미메의 집에서 자란다. 장사로 성장한 지크프리트는 힘이 워낙 세서 대장장이 미메가 새로운 검을 만들어 줄 때마다 부러뜨린다. 지클린데는 죽기 직전에 갓 태어난 지크프리트와 보탄에 의해 부서진 노퉁의 파편을 미메에게 의탁했다.

어느 날 나그네로 변장한 보탄이 나타나 미메에게 두려움을 모르는 자만이 노퉁을 벼릴 수 있다고 얘기한다. 지크프리트는 미메의 도움 없이 노퉁을 새로 벼리는 데 성공한다.

제2막

반지의 힘으로 어마어마한 양의 보물을 모은 파프너는 용으로 변신하여 깊은 숲속의 동굴에 숨는다. 두려움을 모르는 지크프리트는 노퉁으로 파프너를 죽이며, 그 과정에서 용의 피를 맛본다. 그 후 지크프리트는 새의 지저귐을 이해할 수 있는 능력을 얻는다. 배후에서 용과 싸우도록 지크프리트를 부추긴 미메는 반지를 훔치려다 지크프리트에게 죽임을 당한다.

지크프리트는 새를 통해 브륀힐데가 어느 산의 정상에서 불의 고리에 둘러싸인 채 잠들어 있다는 사실을 알게 된다. 그는 즉시 산으로 향한다.

제3막

산에 오른 지크프리트는 아무런 거리낌 없이 불의 고리를 통과하여 깊은 잠에 빠진 브륀힐데를 발견한다. 브륀힐데 옆에 앉은 지크프리트는 태어나서 처음으로 두려움을 알게 된다. 그가 브륀힐데에게 키스하자 그녀는 잠에서 깨어난다. 두 사람은 첫눈에 사랑에 빠진다.

등장인물

⦿ 지크프리트 (Siegfried): 벨중 족. 지크문트와 지크프리트의 아들. (테너)

⦿ 미메 (Mime): 니벨룽 족. 알베리히의 동생, 지크프리트의 양아버지, 겁쟁이 대장장이. (테너)

⦿ 나그네로 변신한 보탄 (Wotan): 신들의 지배자. (베이스-바리톤)

⦿ 알베리히 (Alberich): 권력을 탐하는 니벨룽 족의 지배자. (바리톤)

- 파프너 (Fafner): 형제 파졸트를 죽이고 반지를 차지한 후, 용으로 둔갑한 거인. (베이스)
- 발트포겔 (Waldvogel): 숲의 새. (소프라노)
- 에르다 (Erda): 지구 어머니 여신. (콘트라알토)
- 브륀힐데 (Brünnhilde): 보탄과 에르다의 딸. 발퀴레. (소프라노)

제11장. 구도자 지크프리트

 전 장에서 우리는 진리를 얻기 위해서는 종교, 가족, 환경 등, 구도자의 앞길을 가로막는 모든 제약을 걷어내야 한다는 사실을 배웠다. 하지만 반드시 이해해야 할 선결 조건이 하나 더 있다. 우리가 종교, 친구, 가족에게 매달리는 이유는 홀로 남겨지는 것이 두렵기 때문이다. 관습에 순응하는 것도 대다수가 이해하지 못하는 상위 이상을 추구하라는 내면의 목소리를 따르기가 겁나기 때문이다. 우리가 진리를 추구하고 실천하지 못하도록 가로막는 가장 큰 장애 요인은 '두려움'이다.

 니벨룽의 반지에도 이 개념이 등장한다. 보탄은 자신이 가한 제약에 반기를 들고 관습을 상징하는 훈딩을 보호하라는 명을 어겼다는 이유로 브륀힐데에게 영원히 잠드는 형벌을 내린다. 그녀를 용서하면 본인의 권위가 흔들리기 때문이다. 그래서 보탄은 슬픈 목소리로 브륀힐데에게 형을 선고하고, 신인 자기보다도 자유로운 자가 나타났을 때 잠에서 깨어날 수 있다고 얘기한다. "*온전한 사랑은 두려움을 쫓아내며[91]*", 두려워하지 않는 자만이 진리를 사랑하고 실천하는 자유를 얻을 수 있다. 브륀힐데는 황량한 돌산 위에서 잠들고, 로게가 소환한 불의 고리가 둥그렇게 그녀를 둘러싼다. 오로지 자유로운 자, 한계를 모르고 두려움도 없는 영혼만이 허상의 원(관습)을 뚫고 들어가 그 안에 잠들어 있는 젊고 아름다운 진리의 영을 깨우고 사랑할 수 있다.

니벨룽의 반지의 두 번째 파트 《발퀴레》는 진리가 버려지고 관습이 승리하는 장면으로 막을 내렸다. 이 땅에 교리가 단단하게 뿌리를 내린 것이다. 구도자 지크문트는 훈딩과의 결투에서 패해 죽었고, 그의 누이이자 부인인 지클린데 역시 진리를 추구한 대가로 목숨을 잃었고, 브륀힐데마저 영원히 잠드는 운명을 피할 수 없는 것으로 보인다. 이제 벨중 족을 대표하는 인간은 단 한 명, 졸지에 고아가 된 지크프리트만 남았다. 지클린데는 죽기 전에 아기 지크프리트를 니벨룽 족의 미메[92]

---

91) "사랑 안에 두려움이 없고 온전한 사랑이 두려움을 내어쫓나니 두려움에는 형벌이 있음이라. 두려워하는 자는 사랑 안에서 온전히 이루지 못하였느니라." (신약성경 요한1서 4장 18절)
92) Mime. 'Reginn'이라는 이름으로도 불리는 니벨룽족 최고 대장장이.

에게 건넸다.

아이는 거인의 힘을 가진 장사로 성장한다. 신처럼 아름다운 지크프리트의 외모는 자신의 아버지라 주장하는 니벨룽, 미메의 추악한 몰골과는 너무나도 딴판이다. 둥지 속의 어린 새들은 어미 새를 닮았고, 동물의 새끼도 부모를 닮았는데, 유독 자기는 니벨룽을 닮지 않은 것을 보고 지크프리트는 의심한다. 미메가 자신의 아버지라는 사실을 도저히 믿을 수 없었던 것이다.

어느 날 지크프리트가 맨손으로 곰을 사로잡아 집으로 데려오자 미메는 겁에 질려 사지가 마비되다시피 한다. 두려움의 개념을 모르는 지크프리트는 미메의 행동을 이해하지 못한다. 니벨룽 최고의 손재주를 가진 대장장이 미메는 젊은 거인을 위해 수많은 검을 만들지만, 지크프리트의 힘이 워낙 강해서 매번 칼날이 부러진다. 미메는 지크문트와 훈딩의 결투에서 보탄의 창에 맞아 산산이 조각난 명검, 노퉁의 파편으로도 새로운 검을 벼려보았지만 성공하지 못했다. 겁쟁이는 '절망 속에서 태어나는 용기' 노퉁을 벼릴 수도, 휘두를 수도 없다. 뛰어난 기술의 소유자인 미메도 노퉁을 벼리려 할 때마다 실패한다. 제대로 된 검 하나 만들 줄 모른다고 지크프리트가 힐책하자 미메는 그에게 노퉁의 파편을 건네며 '네가 이걸로 검을 만들 수 있으면 부러지지 않을 것'이라고 말한다. 구도자의 필수 덕목 중 하나인 '대담무쌍함'을 갖춘 지크프리트는 손재주가 부족한데도 미메가 하지 못한 일을 해낸다. 마법의 검을 새로 벼리고 진리와 지식을 구하는 모험을 떠날 채비를 마친 것이다.

라인의 황금으로 반지를 만든 알베리히가 신들에게 반지를 빼앗긴 이래 많은 세월이 흘렀지만, 그와 그의 종족이 반지의 위력을 기억 속에서 지운 적은 한 번도 없었다. 그들은 지금까지도 잃어버린 보물을 되찾기 위해 호시탐탐 기회만 노리고 있다. 인간은 태생적으로 영적이고 자유로운 존재이기 때문에 교회의 요구대로 개성(에고, 반지)을 버리지 못한다. 때로는 미메처럼 다스릴 수 없는 두려움에 지배되고 알베리히처럼 자기보다 강한 자(보탄) 앞에서 비굴해지고 약해지지만, 언젠

〈'노퉁'을 벼리는 데 성공한 지크프리트〉

가는 자신의 영적 유산을 인지하고, 자유로운 존재의 지위를 되찾고, 교리와 같은 제약에서 해방되기 위해 의식적으로든 무의식적으로든 끊임없이 노력한다.

인간은 보탄이 부러뜨린 검을 다시 만들어보라고 지크프리트를 부추기는 미메처럼 목적 달성을 위해 계속 음모를 꾸민다. 미메가 가만히 보니 젊은 구도자 지크프리트는 도무지 두려움이라는 것을 모르는 청년이다. 반지는 지금 프라이아를 돌려주는 대가로 신들로부터 반지를 얻은 후, 형제를 죽이고 무시무시한 용으로 변신하여 그동안 모은 보물을 깔고 앉아있는 거인 파프너의 손에 있다. 미메는 이 괴물을 물리칠 수 있는 사람은 세상에 한 명도 없으리라 생각하지만, 만약 있다면 오로지 두려움을 모르는 지크프리트만이 그 과업을 이룰 수 있을 것으로 결론을 내린다. 실제로 노퉁을 벼릴 수 있는 자가 용을 죽일 수 있다는 예언도 있었다. 교활한 미메는 잔머리를 굴린다. 지크프리트가 용을 죽이고 나면 자기가 반지를 차지하여 세상을 지배하겠다는 야욕을 품은 것이다.

이 이야기에도 아주 심오한 영적 가르침이 담겨있다. 인간의 저급한 하위 속성은 고고한 상위 속성을 이용하여 사악한 목적을 달성하려고 꾀를 쓴다. 이 시점의 지크프리트는 영적 깨달음으로 가는 여정에서 부모도, 가족도 모두 떠나보내고 완전히 혼자가 된 구도자를 상징한다. 그는 미메가 상징하는 '흙으로 빚은 육신'은 자신의 본질이 아닌 '다른 종족'이라 여기며[93], 이전 세대의 지크문트와 지클린데가 이루지 못했던 진리에 이르는 꿈을 실현하기 위해 부모로부터 물려받은 불굴의 투지를 방패 삼아 두려움과 패배를 모른다는 자세로 오직 앞으로 나아가는 중이다.

하지만 깊은 숲속에서 파르지팔을 낳고 기른 헤르츠라이데와 미메의 동굴에서 지크프리트를 출산한 지클린데처럼, 속세를 등지더라도 구도자의 하위 속성(미메)은 그의 영적 힘을 물질적인 목적으로 사용하기 위해 계속 뒤따라온다. 아! 보탄과 발할을 떠난 지크문트처럼 교리에 염증을 느끼고 교회를 떠났던 신도들이 얼마

---

93) 인간의 본질은 육신이 아니라, 육신 안에 있는 영혼이라는 사실을 깨달았다는 뜻이다.

나 많았던가! 이들 중 약간의 영적 지식을 가지고 최면과 암시술 따위로 세상의 부를 끌어당기고, 영혼을 해방하는 천국의 보물보다 영혼을 구속하는 물질을 탐했던 자들은 또 얼마나 많았던가!

오늘날처럼 이 원리가 세상에 그대로 재현된 적도 일찌감치 없었다. 지크프리트와 미메, 제킬 박사와 하이드처럼 두 얼굴을 가지고 살아가는 사람들이 너무나도 많다. 이들은 대체로 지크프리트처럼 영의 힘을 인지하고 자신이 영적 존재라는 사실을 알고는 있으나, 미메가 상징하는 하위 속성에 자꾸 휘둘리면서 물질적 이득을 얻기 위해 책략을 꾸미는 짓을 멈추지 못한다.

이 신성한 힘의 오용을 '기독교'라 부르든, 아니면 다른 종교의 라벨을 붙이든, 영혼의 본래 목적과 무관함에는 틀림이 없다. 우리 모두 자신에게 솔직해질 필요가 있다. *"머리를 둘 곳조차 없는 인자[94]"* 였던 예수는 그리스도 영의 선택을 받은 살아있는 성전이었음에도 불구하고 자기를 위해 그 힘을 쓰지 않았다. 심지어 죽

---

94) "예수께서 이르시되 여우도 굴이 있고 공중의 새도 거처가 있으되 오직 인자는 머리 둘 곳이 없다 하시더라." (신약성경 마태복음 8장 20절)

음을 눈앞에 둔 상황에서도 참았다. 사람들은 그가 남은 구원하였지만 자기는 구원하지 못했다고 손가락질 했다[95]. 못한 것이 아니라 안 한 것이다. 희생의 법칙Law of Sacrifice이 자기 보호의 법칙Law of Self-preservation보다 위에 있기 때문에 그 힘을 함부로 쓰지 않은 것이다. *"사람이 만일 온 천하를 얻고도 제 목숨(영혼)을 잃으면 무엇이 유익하리요?[96]"*

진지한 마음으로 영적 성장의 여정에 오르면 하위 속성이 아무리 교활한 수단을 동원하여 자신을 보호하려 애써도 결국엔 죽게 된다. 미메는 욕망의 영, 파프너를 상대하라고 지크프리트를 부추긴 순간 자신의 무덤을 팠다. 물질에 대한 욕망을 정복한 영혼은 속세의 기준으로 죽은 것이나 다름없기 때문이다. 그는 물질 세상에 살면서 자기가 해야 할 일을 하지만, 세상에 적을 두지는 않은 사람이다[97].

---

95) "저가 남은 구원하였으되 자기는 구원할 수 없도다. 저가 이스라엘의 왕이로다. 지금 십자가에서 내려올지어다. 그러면 우리가 믿겠노라." (신약성경 마태복음 27장 42절)
96) "사람이 만일 온 천하를 얻고도 제 목숨을 잃으면 무엇이 유익하리요?" (신약성경 마가복음 8장 36절)
97) "In the world, but not of it."

지크프리트는 미메의 안내에 따라 용으로 둔갑한 거인, 파프너가 니벨룽의 보물을 지키고 있는 동굴로 향한다. 인간의 하위 속성은 세상의 지위와 권력을 얻기 위해 물질을 탐하라고 계속 상위 속성을 꼬드긴다. 세상에는 물질적 부와 권력을 얻고 싶어 안달인 사람이 얼마나 많은가! 우리는 미메처럼 황금을 위해 목숨까지 내걸 준비가 되어있는 존재들이다. 미메는 끔찍한 용이 있는 동굴로 가야 한다는 생각에 두려워하며 몸서리치지만, 음모를 중단하지 않는다. 에고를 상징하는 니벨룽의 반지가 '육신의 일부'가 되었을 정도로 물질의 늪에 깊게 빠지고, 인간의 하위 속성이 반지의 에너지를 다스리게 되면 무한한 권세를 얻을 수 있다는 사실을 알고 있기 때문이다. 하지만 두려움을 모르는 구도자 지크프리트는 욕망의 상징인 용을 처치한 후, 육체를 상징하는 미메마저 베어버린다.

미메를 죽이고 물질의 혼란에서 벗어난 영혼은 자연의 언어를 이해할 수 있게 된다. 그는 직관적으로 진리(브륀힐데)가 숨어있는 곳을 알아내고, 잠자고 있는 공주

〈거대한 용으로 변신한 파프너를 물리치는 지크프리트〉

를 깨우기 위해 직관을 상징하는 새를 따라 불길에 휩싸인 바위산을 향해 걸어간다. 육신이라는 장애물을 벗어 던짐으로써 진리가 있는 곳에 입장할 수는 있지만, 그 길이 명확하고 순탄한 것만은 아니다. 보탄은 최후까지 독자적으로 진리를 구하려는 구도자를 설득하고 좌절시키기 위해 지크프리트가 가는 길에 창을 던진다. 하지만 교리의 힘을 상징하는 보탄의 창은 거인족과 더러운 거래를 하면서(인간의 하위 속성과 타협하면서) 이미 약해질 대로 약해진 상태다. 당시 계약을 기념하기 위해 창의 손잡이에 마법의 문자들이 새겨졌었다. 따라서 지크프리트가 '절망 속에서 태어나는 용기', 노퉁을 한 번 휘두르자 보탄의 창은 힘없이 부러진다.

이 시점에 이른 구도자는 앞길을 가로막는 자가 파프너와 같은 악마든, 보탄과 같은 신이든, 흔들리지 않고 계속 나아간다. 진리를 얻겠다는 일념 하나에 목숨을 건 그는 거친 손짓으로 모든 장애물을 제거한다. 지크프리트는 보탄의 창을 가볍게 박살 낸 후, 직관의 새를 계속 따라가 진리의 영, 브륀힐데가 잠들어 있는 불의 고리에 당도한다. 그는 로게가 만들어놓은 허상과 환각의 불꽃을 보고도 당황하지 않는다. 그는 당당하게 허상의 불길을 뚫고 걸어가고, 그 안에는 그가 여러 생을 거치며 추구해왔던 진리가 누워 있다! 그는 강한 두 팔로 브륀힐데를 안고 그녀의 입술에 뜨거운 키스를 한다. 오랜 시간 잠들어 있던 진리의 영이 다시 깨어나는 순간이었다.

〈잠에서 깨어난 브륀힐데를 포옹하는 지크프리트〉

〈지크프리트의 시신과 함께 불길에 휩싸이는 브륀힐데〉

《신들의 황혼》 줄거리 요약

서막

지크프리트와 브륀힐데는 한동안 행복한 나날들을 보내지만, 지크프리트는 영광을 좇기 위해 산을 떠나기로 한다.

제1막

기비홍의 성주 군터는 배다른 형제 하겐에게 가문을 크게 일으킬 방법에 관해 묻는다. 하겐은 군터가 브륀힐데와 결혼하면 원하는 것을 얻을 수 있다고 조언한다.

아무것도 모르는 지크프리트가 기비홍에 도착한다. 과거의 기억을 지워버리는 약을 받아 마신 그는 군터의 누이, 구트루네에게 청혼한다. 군터는 자신과 브륀힐데의 결혼을 승낙하면 누이를 신부로 내어 주겠다고 지크프리트에게 말한다.

군터의 결혼을 성사시키기 위해 지크프리트는 군터로 변장하여 불의 고리를 넘어간 후, 브륀힐데의 손가락에서 마법의 반지를 빼앗는다.

제2막

기비훙의 홀에서 두 부부의 결혼식이 진행된다. 지크프리트와 구트루네, 군터와 브륀힐데의 결혼식이다. 브륀힐데는 자기와 함께 보냈던 행복한 나날들을 모두 잊어버린 지크프리트에게 분노한다. 이 틈을 타 하겐은 브륀힐데에게 지크프리트의 약점이 무엇인지 캐묻는다. 브륀힐데는 지크프리트를 등 뒤에서 공격하면 죽일 수 있다고 말한다.

제3막

하겐과 지크프리트가 함께 사냥을 나간다. 하겐은 지크프리트의 기억상실증을 치유하는 약을 마시게 한다. 기억을 되찾은 지크프리트는 브륀힐데와 함께했던 행복한 시간을 떠올린다. 그 순간, 하겐은 창으로 지크프리트의 등을 찌른다.

라인의 여인들이 브륀힐데에게 비보를 전한다. 브륀힐데는 지크프리트의 시신 주위에 불을 피운다. 불로 인해 라인강이 범람한다. 라인의 세 여인은 마법의 반지를 되찾고, 하겐은 물에 빠져 익사한다. 브륀힐데가 피운 불은 계속 번져 신들이 거하는 발할까지 옮겨붙고, 신들의 영광도 종말을 고한다.

등장인물

- 지크프리트 (Siegfried): 벨중 족. 지크문트-지클린데의 아들. (테너)
- 브륀힐데 (Brünnhilde): 보탄과 에르다의 딸. 발퀴레. 지크프리트의 부인. (소프라노)
- 군터 (Gunther): 기비홍 왕국의 군주. (바리톤)
- 구트루네 (Gutrune): 군터의 누이. (소프라노)
- 하겐 (Hagen): 군터의 이부동생. 니벨룽 족의 지배자, 알베리히가 군터와 구트루네 남매의 어머니 그림힐데를 강제로 취하여 낳은 아들. (베이스)
- 알베리히 (Alberich): 권력을 탐하는 니벨룽 족의 지배자. (바리톤)
- 발트라우테 (Waltraute): 보탄의 딸. 발퀴레. (메조소프라노)
- 첫째 노른 (First Norn): 운명의 여신. (콘트라알토)
- 둘째 노른 (Second Norn): 운명의 여신. (메조소프라노)
- 셋째 노른 (Third Norn): 운명의 여신. (소프라노)
- 보글린데 (Woglinde): 라인강의 요정. (소프라노)
- 벨군데 (Wellgunde): 라인강의 요정. (소프라노)
- 플로스힐데 (Floßhilde): 라인강의 요정. (메조소프라노)

제12장. 진리와 거짓의 전쟁

 육신의 베일이 살아있는 현실을 시야에서 가려버리는 물질 세상보다 훨씬 높은 곳, 환각적인 형상으로 인간을 현혹하며 현실을 왜곡하는 욕망과 허상의 세상을 초월하는 곳에 선 영혼이 느끼는 감정은 말로 형용할 수 없다. 숨김없는 진리의 아름다움을 찾아내기 위해서는 우주 만물의 원형이 하나가 되어 장엄한 천상의 합창곡(피타고라스가 언급했던 '천체들의 하모니[98]')을 부르며 어우러지는 '구체적 사고의 영역[99]'에 접근해야 한다.

 하지만 영혼은 그곳에 무한정 머물러있을 수 없다. 우정과 인간관계, 그리고 세상이 제공하는 모든 달콤함보다도 강한 내면의 충동으로 구도자의 길에 나선 이들이 추구하는 진리와 현실은 진짜 목표를 달성하기 위한 수단에 불과하다. 진리를 구한 후에는 형상이 지배하는 물질 세상으로 다시 내려와서 적용하고 실천해야 한다. 그래야만 진리가 가치를 지닐 수 있다. 따라서 구도

---

98) Harmony of the Spheres. 페이지 26의 주석 14번 참조.
99) The Region of Concrete Thought. 페이지 26의 주석 13번 참조.

자 지크프리트는 브륀힐데가 잠들어있던 바위산을 떠나 허상의 불길을 다시 통과하고, (파르지팔이 몬살바트를 떠나야만 했던 것처럼) 물질 세상으로 내려와 유혹을 받고 시험을 치러야 한다. 물질 세상으로 복귀하여 잠에서 깨어난 브륀힐데에 대한 사랑이 진심이었음을 입증해야 한다.

결코 만만한 싸움이 아니다. 세상은 아직 진리를 받아들일 준비가 되어있지 않기 때문이다. 다들 입으로는 진리를 갈망한다고 말하지만, 진리의 선물을 들고 오는 자를 십자가에 못 박기 위해 눈에 불을 켜고 있다. 인간이 세운 단체와 기관 중 진리의 빛을 보고도 무너지지 않고 버틸 수 있는 곳은 그리 많지 않다.

심지어 신들도 진리를 견디지 못한다. 브륀힐데는 슬픔을 통해 그 뼈아픈 사실을 깨달았다. 관습을 따르지 않았다는 이유로 아버지 보탄이 그녀를 추방하지 않았던가! 관습에 반기를 들고 진리를 지켜내는 사람은 자기를 적대하는 세상 전체에 맞서 홀로 싸워야 한다는 외로움과 자괴감을 느끼게 마련이다. 보탄은 브륀힐데를 누구보다도 사랑했던 아버지였다. 보탄이 브륀힐데를 자기만의 방식으로 사랑했던 것은 분명한 사실이지만, 그는 발할이 상징하는 권세를 더 사랑했다. 그의 눈에는 진리의 영인 브륀힐데보다 인류를 지배하는 권력인 교리의 벽이 더 사랑스러웠다. 그래서 그녀를 허상의 불길 속에 가두고 잠재웠던 것이다.

신들도 이럴진대, 종교를 수호하는 신들만큼 높고 고귀한 이상을 가지지 못한 인간들은 어떻겠는가? 지크프리트와 헤어지는 순간 이 모든 생각이 브륀힐데의 뇌리를 스치고 지나갔다. 독자들도 이 문제를 주제로 명상하면 많은 깨우침을 얻을 수 있을 것이다. 그녀는 세상으로 돌아가는 지크프리트가 삶과의 싸움에서 조금이라도 승산이 있도록 돕기 위해 그의 몸을 금강불괴로 만든다. 어깨 사이의 작은 부위 하나를 빼고 지크프리트의 몸은 돌처럼 단단해졌다. 한쪽 발뒤꿈치를 제외하고 약점이 없었던 그리스의 아킬레스[100]를 연상시키는 대목이다. 여기에도 중요한 가르침이 담겨있다. 진

---

100) Achilles. 트로이 전쟁 당시 그리스 편에서 싸웠던 뮈르미돈족Myrmidons의 수장, 영웅.

리의 전사가 바울이 언급했던 이 갑옷[101]을 입고 당당하게 적들에 맞서 삶의 전투에 임하면 아무리 빠져나오기 힘든 곤경에 처하더라도 궁극적으로 반드시 승리한다. 세상에 맞서 가슴을 내밀고 적개심, 중상모략, 비방의 화살을 받아내는 사람은 자신의 용기와 신념을 만천하에 드러내는 영웅이며, 어떤 위기에 처하더라도 항상 선을 위해 일하는 상위 존재들의 보호를 받는다. 하지만 위기 앞에서 한순간이라도 등을 돌려서는 안 된다! 나를 향해 돌진하는 진리의 적들에게서 눈을 떼면 그들은 귀신같이 약점을 찾아 집중적으로 공략한다. 따라서 이 심볼리즘의 교훈을 꼭 명심하고, 우리에게는 무엇보다 진리를 사랑해야 할 의무가 있다는 사실을 다시 한 번 기억하자. 우정과 인간관계를 비롯한 다른 모든 것들은 진리를 위한 노력에 비할 수 없다. 진리의 현신이었던 그리스도는 제자들에게 *"세상은 나를 미워했고, 너희들도 미워할 것이다.*[102]*"* 라고 말했다.

---

101) "마귀의 궤계를 능히 대적하기 위하여 하나님의 전신갑주를 입으라." (신약성경 에베소서 6장 11절)

102) "세상이 너희를 미워하면 너희보다 먼저 나를 미워한 줄을 알라. 너희가 세상에 속하였으면 세상이 자기의 것을 사랑할 터이나 너희는 세상에 속한

그러니 자신에게 솔직해지자. 원칙을 따르며 나아가는 여정은 매우 험난하며, 우리가 올라야 할 산은 높고 가파르다. 가는 도중에 나와 가까운 모든 사람과 결별하게 될 가능성도 높다. 세상은 지금 종교의 자유가 보장되었다며 자랑스럽게 선언하지만, 핍박의 시대는 아직 끝나지 않았다. 교리는 여전히 무소불위의 권력을 휘두르고 있으며, 관습을 따르지 않는 자들을 언제든 기소하고 탄압할 만반의 준비가 되어있다. 하지만 비난에 아랑곳하지 않고 박해에 맞서 계속 앞으로 나아가는 진리의 전사는 상처 하나 없이 승리를 거둘 수 있다. 비겁하게 등을 돌렸을 때 적대자들이 약점을 타격하여 우리를 쓰러트리는 것이다.

 짚고 넘어가야 할 점이 하나 더 있다. 지크프리트는 세상으로 돌아가기 위해 바위산을 떠나기 전, 브륀힐데에게 니벨룽의 반지를 건넨다. 알다시피 이 반지는 알베리히가 우주의 영을 상징하는 라인의 황금을 훔쳐 만든 것이다. 그는 그 황금 덩어리로 반지를 만들기 위해

자가 아니요 도리어 세상에서 나의 택함을 입은 자인 고로 세상이 너희를 미워하느니라." (신약성경 요한복음 15장 18~19절)

〈지크프리트에게 반지를 선물 받은 브륀힐데〉

사랑을 버려야만 했다. 우주의 영이 에고의 고리에 갇히는 순간 우정과 사랑도 사라지기 때문이다. 그 시점부터 인간은 삶과 전투를 치러야 했다. 이기주의에 사로잡힌 사람들은 형제를 향해 주먹질했고, 타인의 안위는 무시하고 자기 것을 챙기기 위해 야욕을 가로막는 모든 자를 짓밟았다.

하지만 영혼이 진리를 발견하고 신성한 현실을 접하게 되면, 구체적 사고의 영역인 천국에 이르러 *"물질 세상에서는 모든 것이 분리된 것처럼 보이지만 사실은 하나고, 보이지 않는 끈이 모두를 연결하고 있다."*는 위대한 진리를 실제로 보게 되면, 우주 만물에 대한 형제애와 사랑을 되찾고 나면, 더 이상의 분열은 있을 수 없다. 따라서 지크프리트는 진리의 영역을 떠나면서 반지가 상징하는 분리와 자아의 감정을 그곳에 두고 온다. 분리의 사고방식과 자아의식을 내려놓음으로써 영혼은 만물을 껴안을 수 있게 된다. 그에게는 가족과 국가의 개념도 없다. 종종 사람들의 오해를 받는 미국의 국부,

토머스 페인[103]의 명언을 삶에서 실천하게 되는 것이다. *"세상이 저의 조국이고, 선행이 저의 종교입니다."* 지크프리트가 브륀힐데에게 니벨룽의 반지를 건네는 장면이 이 사상을 비유적으로 잘 표현하고 있다.

기억하고 있겠지만, 발퀴레는 북유럽 신화에 등장하는 최고신, 보탄의 딸들이다. 이들은 빠른 속도로 하늘을 나는 말을 타고 치열한 전투가 벌어지고 있는 현장으로 출동한다. 전사가 쓰러지면 발퀴레는 즉시 달려가 시신을 말에 태워 신들이 거주하는 발할로 데려간다. 발할에서 부활한 용맹스러운 전사들은 그곳에서 신들과 함께 영원한 기쁨을 누리며 산다. '발퀴레'라는 이름은 '박수를 받으며 선택된 자'를 의미한다. 최후의 순간까지 삶의 전투를 치른 사람은 박수를 받으며 신들의 곁에 머무르는 영광을 얻는다. 신들의 동반자로서 간택되는 것이다.

브륀힐데는 보탄의 딸 중에서도 으뜸이었으며, 그녀의 말 그라네Grane는 발퀴레의 말 중 가장 빠르다. 브륀

---

103) Thomas Paine (1737 ~ 1809). 미국의 정치 운동가, 철학자, 정치학자, 혁명가, 국부國父. 대표작《상식Common Sense》,《인권Rights of Man》.

힐데는 진리의 영을 나르는 임무를 충실하게 수행했던 이 말을 남편 지크프리트에게 선물한다. 진리를 발견한 구도자는 진리를 신부로 맞는 자격을 얻는다. 브륀힐데의 말은 진리와 결혼한 구도자의 신속한 분별력을 상징한다. 물론 어디까지나 신랑이 외도하지 않는다는 전제하에서 가능한 일이다.

진리를 사랑하는 마음으로 분별의 말에 올라탄 지크프리트는 진리의 전쟁을 치르고 세상을 정복하여 브륀힐데에게 가져다주기 위해 출정한다. 천국과 지구의 운명이 그에게 달린 일촉즉발의 상황이다. 그가 신의를 지키고 용기를 잃지 않으면 세상을 변화시킬 수도 있다. 하지만 임무를 망각하고 허상의 늪에 빠지면 세상을 구할 수 있는 마지막 희망이 사라진다. 기존의 질서와 시스템이 무너지고, 불길에 휩싸인 천국이 재로 화하면서 새로운 천국과 지구가 탄생할 수 있는 토대가 마련되고, 우주 만물이 정의의 의복을 착용하는 세상이 도래하는 '신들의 황혼'이 임박한 것이다.

이제 천국과 지크프리트, 브륀힐데에서 잠시 시선을

거두고 진리로 모든 제약을 쓸어내 버릴 영웅의 강림을 애타게 기다리고 있는 지구의 상황을 살펴보자. 북유럽 신화에 따르면 이 무렵, 세상의 도덕률에 맞춰 최대한 정직하고 올바르게 나라를 다스리던 군터라는 왕이 있었다고 한다. 군터에게는 왕비가 없었고, 그의 누이 구트루네가 나라에서 가장 높은 지위를 가진 여자였다. 군터의 신하 중에는 '갈고리'를 의미하는 하겐이라는 자가 있었다. 하겐은 인간의 이기적인 속성을 상징하는 인물로, 반지를 만들었던 알베리히의 종족인 니벨룽의 자손이다. 알베리히가 신들에게 반지를 빼앗긴 이래로 니벨룽 족은 줄곧 반지의 소유자를 예의주시하며 관찰해 왔다. 반지는 처음에는 알베리히를 속여 빼앗은 보탄의 손에 들어갔고, 그다음에는 보탄을 위해 발할을 지은 거인족의 파프너와 파졸트가 프라이아를 신들에게 돌려주는 조건으로 반지를 얻었다. 당시 보탄은 권력을 얻기 위해 사랑과 젊음의 여신인 프라이아를 물건 취급하며 거인들에게 품삯으로 지급했었다. 그다음에는 파프너가 파졸트를 죽이면서 반지를 독차지했고, 니벨룽 족은 거대한 용으로 둔갑하여 동굴에 숨어 니벨룽의 보물을 지키던 파프너를 관찰했다. 그 후 미메는 양아들 지크프리트를 이용하여 반지를 차지하려다가 오히려 목숨을 잃었다. 지크프리트도 불의 고리를 뚫고 브륀힐데가 잠자고 있던 바위산에 입산하기 전까지는 감시의 대상이었다. 하지만 어느 니벨룽도, 어떤 겁쟁이도 허상을 상징하는 불의 고리를 통과하여 진리의 영역에 이를 수 없기 때문에 그 안에서 일어나는 일들은 볼 수 없었다. 따라서 니벨룽 족은 지크프리트가 세상으로 다시 돌아왔을 때 반지의 행방이 어떻게 되었는지 정확히 알지 못한다. 다만 브륀힐데에게 반지를 맡기고 산에서 내려왔을 것으로 추측하며 즉시 반지를 탈환하기 위한 음모를 꾸미기 시작한다.

군터의 궁정은 지크프리트가 가는 길의 중간에 가로놓여 있다. 알베리히는 신속하게 궁정으로 달려가 마지막으로 반지를 소유했던 자가 그리로 오고 있다고 하겐에게 귀띔한다. 둘은 반지의 행방을 추적하여 되찾아오는 계획을 논의한다. 하지만 속으로는 둘 다 흑심을 품고 상대방을 속여 반지를 독차지하려는 꿍꿍이에 골몰해 있다. 분리된 자아 간의 전쟁에 명예 따위는 없다. 상대가 누구든, 내가 아니면 모두가 적이다. 우리 세상에도 공동 목표를 위해 여러 사람이 힘을 합치고 협력하는 경우가 더러 있지만, 대부분 사람의 머릿속에는 '내가 얻을 수 있는 것은 무엇인가?'라는 질문이 항상 맴돌고 있다. 나에게 주어질 보상이 명확하지 않으면 열심히 하지 않는다. 바울은 이렇게 말했다. *"각각 자기 일을 돌아볼뿐더러 또한 각각 다른 사람들의 일을 돌아보아 나의 기쁨을 충만케 하라.*[104]" 많은 기독교인이 이 가르침의 의미를 이해하고는 있지만, 이타적인 헌신의 이상을 실천하며 사는 사람이 과연 몇이나 되는가!

---

104) "각각 자기 일을 돌아볼 뿐더러 또한 각각 다른 사람들의 일을 돌아보아 나의 기쁨을 충만케 하라." (신약성경 빌립보서 2장 4절)

제13장. 환생, 그리고 치명적인 물

"탄생이란 잠들고 잊는 것이다.
우리와 함께 깨어나는 영혼, 우리의 별은,
다른 곳에서 왔다.
먼 곳에서 왔다."

- 윌리엄 워즈워스[105]

발퀴레의 바위산을 떠나 군터의 궁정에 이른 지크프리트는 자신의 과거(전생)와 구도자의 길을 걸으며 신부로 얻은 진리의 영, 브륀힐데에 대한 모든 기억을 지우는 음료를 받아 마신다.

많은 사람이 환생의 개념을 고대 동양의 전유물로 여기고 있는데, 북유럽의 신화를 공부해보면 그렇지 않다는 것을 알 수 있다. 《장미십자회의 우주 창조론》에서 이미 설명한 바 있지만, 기독교에서 이 개념을 희석하기 전까지만 해도 북유럽인들은 환생과 인간의 도덕적 행동과 관련한 인과관계의 법칙을 믿었다. 기독교가

---
[105] William Wordsworth (1770 ~ 1850). 영국의 시인. 대표작 《서곡 The Prelude》.

<지크프리트에게 기억 상실의 음료를 건네는 구트루네>

보탄을 중심으로 한 고대 종교를 대체하던 시기에 발생했던 혼란의 상황도 흥미롭다. 그 시절의 사람들은 마음속으로 환생의 개념을 믿었지만, 겉으로는 부정했다. 초기에 기독교로 개종했던 열성 신도, 노르웨이 국왕 성 울라프의 일화에서 당시의 상황을 엿볼 수 있다. 해럴드 국왕의 왕비 아스타가 출산을 앞두고 오랜 시간 진통에 시달리던 중, 한 사내가 몇 가지 보석을 들고 궁정을 찾아왔다. 그가 간밤에 희한한 꿈을 꾸었는데, 수년 전 노르웨이를 다스리던 울라프 가이르스타드 국왕(해럴드 국왕의 조상)이 나타나 그의 무덤을 파내어 검으로 시신의 머리를 자르고, 관 안에 매장된 보석을 왕비에게 전달하면 진통이 멈추고 성공적으로 아기를 출산할 수 있으리라고 말했다는 것이다. 그가 가져온 보석을 왕비에게 전달하자 그녀는 건강한 사내아이를 낳았고, 왕은 조상의 은혜를 기리기 위해 아들을 울라프라고 이름 지었다. 사람들은 울라프 가이르스타드 국왕의 영혼이 어린 왕자의 몸으로 들어가 환생했다고 믿었다.

수년 후 장성하여 노르웨이의 국왕이 된 울라프는 기

독교로 개종했다. 그가 말을 타고 조상들의 무덤이 모여있는 선산을 둘러보던 어느 날, 그를 호위하던 신하 한 사람이 그에게 물었다. "폐하께서 한때 이 묘지에 묻혀 있었다는 것이 사실이옵니까?" 왕이 대답했다. "나의 영혼이 두 개의 몸을 소유했던 적은 결단코 없다!" 신하가 다시 물었다. "하지만 예전에 폐하께서 이곳을 둘러보면서 '나는 한때 이곳에 묻혔었다.'고 말한 적이 있었다고 들었사옵니다." 그러자 왕이 화를 내며 대답했다. "나는 그런 말 한 적 없다! 그리고 앞으로도 그런 말을 할 일은 없을 것이다!"

심기가 불편해진 왕은 타고 있던 말의 옆구리를 세게 걷어차며 앞으로 달려나갔다. 내면의 신념과 자기가 받아들인 신흥 종교간의 괴리에 대해 더 얘기하고 싶지 않았던 것이다.

동양과 서양을 막론하고 모든 고대 문명은 탄생과 죽음에 관해 많은 것을 알고 있었다. 우리는 이 주제에 관한 많은 지식을 상실하였지만, 우리보다 발달한 영안靈眼, second sight을 가졌던 고대인은 사정이 달랐다. 지금도 노르웨이에 거주하는 농부들은 인간이 죽을 때 몸에서 빠져나가는 영혼을 볼 수 있다고 한다. 길고 가느다란 흰색 구름처럼 생긴 이 '영혼'은 물론 인간의 활성체다. 고대 북유럽인들은 죽은 사람의 영혼이 한동안 빛의 육신을 가진 상태로 지구상에 머무르고, 가족과 지인들이 슬퍼하는 모습을 보며 괴로워한다는 장미십자회의 가르침을 잘 알고 있었다. 덴마크의 헬게 국왕이 자기의 죽음을 슬퍼하는 부인에게 모습을 드러내자 그녀는 "죽음의 이슬이 용맹스러운 전사였던 부군의 몸을 깨끗하게 씻었도다!"라고 외쳤다. 이에 헬게가 대답했다.

"사랑하는 지그루나여.
오로지 그대만 이 헬게가
슬픔의 이슬로 젖어 있다고 얘기하오.
그대가 슬픔을 멈추지 않고,
눈물을 그치지 않을 것을 나는 알고 있소.
그대가 흘리는 피눈물 한 방울, 한 방울이
내 가슴에 떨어지고 있소.
그 차가움 때문에 내가 잠을 못 이루고 있소."

환생의 개념을 접하고 나서 왜 인간은 전생의 기억을 상실한 상태로 태어나는지 궁금해하며 자신의 전생을 알고 싶어 안달인 사람들이 많다. 기억상실증에 걸리게 하는 치명적인 물에 감사해야 한다는 것을 이해하지 못하고, 전생에 왕, 여왕, 철학자, 사제였다고 주장하는 사람들을 보며 부러워하기까지 한다. 하지만 우리가 전생을 기억하지 못하는 것에는 큰 장점이 있다. 인생에서 가장 중요한 경험은 좋은 내용이든 나쁜 내용이든, 육신의 사망 직후 우리 영혼에 각인되는 인상이다[106]. 이 인상은 우리가 환생하여 다음 생에서 중대한 갈림길에 섰을 때 어떻게 행동해야 할지 경고하거나 독려하는 역할을 한다. 이번 생에서 경험해본 적이 없는 상황이 닥치더라도 전생에서는 겪어본 일일 수도 있고, 그 일이 영혼에 깊은 인상을 남겼기 때문에 빠르게 반사적으로 반응하게 되는 것이다.

이 개념을 더욱 쉽게 이해할 수 있도록 전생의 경험

---

[106] 영지주의 전통에서는 이 영혼의 각인을 '영광의 예복Robe of Glory'이라 표현했다. "인생은 빈 손으로 와서 빈 손으로 가는 것"이라는 말이 있지만, 엄밀히 말하면 저자의 말대로 모든 인간은 삶에서 배운 교훈과 경험을 지니고 이승을 떠난다.

이 각인된 우리의 영혼을 레코드판에 비유해 보자. 레코드판을 턴테이블에 올려놓고 바늘을 대면 레코드의 홈에 기록된 정보에 따라 다양한 소리가 난다. 멀리서 보면 왜 레코드의 특정 부분에서 특정 소리가 나는지 알 수 없지만, 아무튼 바늘이 그 부분에 닿으면 항상 정해진 소리가 스피커를 통해 흘러나온다. 축음기의 기술적 원리를 이해하지 못하더라도 레코드의 홈과 소리에 명백한 상관관계가 있다는 사실은 알 수 있다. 분명한 것은, 어떤 과정을 통해 레코드에 홈이 새겨졌고, 홈의 모양새에 따라 그에 상응하는 소리가 난다는 것이다.

같은 원리로 우리가 삶에서 어떤 경험을 하면, 육신이 죽은 후 그 내용이 영혼에 각인된다. 그리고 다음 생에서 영혼에 기록된 안 좋은 경험과 유사한 상황이 생기면 내면에서 조심하라는 경보가 발령되고, 좋은 상황이 벌어지면 어서 행동하라고 설득한다. 전생에서 만든 영혼의 레코드판에는 고통의 홈과 즐거움의 홈이 다양하게 새겨져 있으며, 우리가 이번 생에서 어떤 상황을 만나면 이 기록을 무의식적으로 참조하여 머리로 생각하는 것보다 훨씬 빠르고 정확하게 다음 행동을 결정하게 된다. 육신의 베일로 눈가리개를 한 채 봉사처럼 살아가는 우리는 삶에서 경험하는 일들이 무엇을 의미하는지 정확하게 알지 못한다. 하지만 그 경험의 열매는 천국에서든 지옥에서든 반드시 기록되며, 나중에 다음 생에서 우리의 행동에 영향과 도움을 준다.

우리가 전생을 알 수 있다고 가정해 보자. 영적으로 성장하고 올바르게 살기 위해 열심히 노력한 결과, 전생을 알 수 있는 능력을 갖추게 되었다고 상상해 보자. 전생에서 방탕하고, 잔인하고, 이기적이고, 흉악한 범죄자였다면 과연 어떤 기분일까! 전생 때문에 현생에서 사람들이 나를 경멸하고 있다면, "전생을 가지고 지금의 나를 판단하지 말라!"는 식으로 그들을 비난하게 될지도 모른다. 전생에서 있었던 일들은 잊어버리고 이번 생에서 어떻게 살고 있는지를 기준으로 나를 평가해 달라고 주장할 것이다. 그건 물론 맞는 말이다. 하지만 이번엔 반대로 생각해 보자. 전생에서 위대한 왕 또는 여왕이었다는 이유로 이번 생에서 만인의 존경을 받을 권리가 있다고 주장할 것인가? 진짜 전생에서 훌륭한 위인이었다 해도 만나는 사람마다 그 사실을 내세우며 회의론자들의 비웃음을 살 것인가? 전생에 대한 기억을 가지고 있든 없든, 이번 생에서 최고의 이상을 추구하며 잠재력을 펼치는 것이 제일 중요하다는 점을 꼭 기억하자.

인류의 진보와 성장에 기여하겠다는 순수한 목적으로 자연의 기억을 탐구하는 영혼은 언젠가는 자신의 전생을 접하게 된다. 하지만 그리스도의 포도밭에서 수고를 아끼지 않는 진정한 일꾼은 헌신의 길에서 한눈을 팔지 않으며, 단순한 호기심 충족을 위해 정도에서 이탈하는 법이 없다. 입문자도 첫 번째 입문식에서 호기심으로 영의 힘을 사용해서는 절대 안 된다고 교육받으며, 그 이후에도 사원을 방문할 때마다 귀에 딱지가 들러붙을 정도로 이 중요한 가르침을 반복 학습한다.

영적 힘의 올바른 활용과 오용은 백지 한 장 차이며, 입문자가 영적으로 성장할수록 힘의 활용에 대한 제약은 더욱 커진다. 사람들에게 이 얘기를 하면 열의 아홉은 이렇게 묻는다. "영안을 갖고 유체이탈을 하는 능력을 갖춘다 한들 다 무슨 소용입니까? 그렇게 제약이 많으면 그 힘을 도대체 어디에 써먹는다는 말입니까?" 그럼에도 불구하고 영적 힘은 소중하며, 그 힘의 사용에 대한 책임은 성장에 따라 자연스럽게 생겨난다.

동물은 아무런 거리낌 없이 자기가 필요한 것을 취한다. 동물은 죄를 범하지 않으며, 행동에 대한 책임도 지지 않는다. 그런 것들에 대한 개념이 아예 없기 때문이다. 하지만 의식에 '나의 것'과 '너의 것'에 대한 관념이 자리를 잡는 순간, 행동에 대한 책임이 뒤따른다. 아는 것이 많아지면 책임도 이에 비례하여 커진다. 영적으로 많이 성장한 사람은 선과 악에 대한 분별력도 더 향상된다. 일상에서도 사람의 인격에 따라 '해도 되는 일'과 '해서는 안 되는 일'의 기준이 각각 다르게 나타나는 것을 볼 수 있다.

성장하기 위한 노력의 결과로 전생을 알 수 있는 능력을 얻고 나면 그 힘으로 세속의 부와 권력을 탐하는 것은 물론이고, 나를 높이기 위한 목적으로 사용해서도 안 된다는 것을 알게 된다. 전생에 대한 지식이 감춰져 있는 데는 다 그만한 이유가 있다. 전생의 문을 여는 방법을 알기 전까지는 열 수 없다. 그리고 열쇠를 구한 후에는 문을 열고 싶다는 생각이 들지 않을 것이다.

이러한 이유로 지크프리트는 군터의 궁정에 입장하자마자 기억을 지워버리는 물을 마시게 된다. 자기의 아버지라 주장했던 미메와 함께 살았던 어린 시절, '절망 속에서 태어나는 용기'의 검 노퉁을 벼려 욕망의 영 파프너를 물리치고, 에고이즘을 상징하는 니벨룽의 반지를 얻음으로써 자신의 영적 정체성을 확인하고, 자신을 낳아준 아버지라고 속인 에고의 상징, 미메를 벤 일을 모두 망각한다. 두려움을 모르는 자유로운 영혼으로써 교리의 수호자인 보탄의 창을 깨부수고, 직관의 새를 따라가 잠자고 있던 진리의 영을 깨우고, 진리와 결혼하여 신부에게 반지를 선사함으로써 이기주의를 버렸다는 사실도 까맣게 잊어버렸다.

이 모든 일이 기억에서 사라졌지만 그의 영혼에는 뚜렷한 흔적을 남겼고, 이제 그 흔적이 과연 유효한지 실생활에서 시험을 치러야 하는 상황이다. 과거의 경험이 영혼의 뼛속에 깊게 새겨졌는지, 아니면 표면을 끄적거리는 데 그쳤는지 확인해야 한다. 우리는 천국에 보관해 둔 보물이 지구에서도 쓸모를 발휘할 수 있는지, 부패를 견뎌낼 수 있는지 검증하기 위해 환생할 때마다 유혹을 받으면서 시험을 치른다. 예수는 세례를 통해 그리스도의 영을 받아들인 후, 황야로 나아가 영혼을 시험하는 고난을 겪었다[107]. 우리도 천상의 경험을 지구로 가지고 내려와서 세상의 시련을 버틸 수 있을 정도로 견고한지, 아니면 쉽게 부서지는 모래성인지 확인하는 시험을 치러야 한다.

---

107) "예수께서 세례를 받으시고 곧 물에서 올라오실새 하늘이 열리고 하나님의 성령이 비둘기같이 내려 자기 위에 임하심을 보시더니, 하늘로서 소리가 있어 말씀하시되, 이는 내 사랑하는 아들이 내 기뻐하는 자라 하시니라. 그 때에 예수께서 성령에게 이끌리어 마귀에게 시험을 받으러 광야로 가사, 사십 일을 밤낮으로 금식하신 후에 주리신지라." (신약성경 마태복음 3장 16~17절, 4장 1~2절)

제14장. 신들의 황혼

지크프리트가 군터의 궁정에 다다르자 왕의 아름다운 여동생 구트루네가 그에게 기억상실의 물이 담긴 마법의 잔을 건넨다. 그 물을 마신 지크프리트는 과거의 삶과 브륀힐데에 대한 모든 것을 잊어버리고, 벌거벗은 영혼이 되어 삶의 전쟁을 벌여야 하는 처지가 된다. 하지만 그의 영혼에는 전생에서 겪은 소중한 경험들이 각인되어 있다. 전생에서 그는 '절망 속에서 태어나는 용기' 노퉁으로 파프너가 상징하는 욕심과 보탄이 상징하는 교리를 물리친 바 있다. 그에게는 타른헬름[108]이라 불리는 허상의 투구도 있다. 이 마법의 투구를 쓰면 원하는 모습대로 상대방의 눈에 비칠 수 있다. 일종의 최면 기술이라고 할 수 있겠다. 지크프리트에게는 또 진리를 인지하고 오류와 허상을 솎아내는 분별력을 상징하는 브륀힐데의 말, 그라네가 있다. 전생에 대한 기억은 상실했지만, 선 또는 악을 위해 사용할 수 있는 다양한 도구들을 갖추고 있는 셈이다. 이제부터 그 도구들

---
108) Tarncap, Tarnhelm. 알베리히의 지시에 따라 미메가 만든 마법의 투구.

을 어떻게 사용할지는 그의 선택에 달렸다.

앞서 언급했듯이, 성장하면서 진리에 대한 관념도 바뀐다. 진리에 이르는 산을 천천히 오르면서 아래에서는 보지 못했던 진리의 여러 단면을 보게 되는 것이다. 예전에는 옳다고 생각했던 일이 조금 더 높은 곳에서 보면 옳지 않은 일로 여겨질 수 있다. 육신을 걸친 상태로 물질 세상에서 사는 인간은 로게가 브륀힐데의 바위 주변에 만들어놓은 허상의 불을 통해서 모든 것을 바라봐야 하지만 (*"우리가 이제는 거울로 보는 것같이 희미하나."*), 우리에게는 바람의 속도로 날아가는 그녀의 말 그라네(분별력)도 있다. 그라네의 길을 가로막지 않고 자유롭게 뛰어다닐 수 있도록 허용하면 기억상실증에 걸린 우리의 뇌, 즉, 물질적 정신이 영을 억누르고 날뛰는 일도 있을 수 없다.

《라인의 황금》에서 우리는 인류가 지구의 습지에서 순수한 '안개의 아들(니벨룽)'들로 살았던 초기 아틀란티스 시대에 대해 언급했다. 하지만 후기 아틀란티스 시대는 야만적이었다. 알베리히처럼 사랑을 저버린 냉혹한 인간들이 에고이즘의 반지를 만들어 하나씩 몸에 두르고, 니벨룽의 보물을 산더미처럼 쌓고 독차지하기 위해 모든 에너지를 쏟아붓고, 거인, 신들, 인간이 서로 권력의 반지를 차지하기 위해 잔인하게 상대를 공격하고 속이는 살벌한 시대였다.

반면 초기 아리안 시대는 벨중 족(지크문트, 지클린데, 지크프리트)으로 대변되는 이상주의자들이 탄생하는 시대다. 신성한 마음으로 진리와 이상을 추구하고, 신념을 지키고 진리를 보호하기 위해 전투를 마다하지 않고, 목숨까지 바칠 수 있는 용기를 갖춘 기사와 영웅들의 새로운 종족이 등장한 것이다. 이렇게 하여 이상적인 기사도의 시대가 현실적인 야만인의 시대를 대체하게 되었다.

우리는 후기 아리안 시대를 살아가고 있다. 옛 구도자들은 이미 불길로 둘러싸인 브륀힐데의 바위산에서 내려온 상태다. 육신의 베일을 걸친 우리는 기억을 지워버리는 물을 들이켰으며, 기독교의 묵시록과 같은 내용을 담고 있는 위대한 악극의 마지막 장면, 《신들의 황혼》의 이야기를 재현하는 중이다. '천국 복음[109]'은 이미 널리 전파되었으며, 직관의 새가 지크프리트를 진리로 인도했듯이 우리에게도 '길과 진리와 생명[110]'이 공개되었다. 그리고 지금은 군터의 궁정에서 시험을 치르는 중이다. 진리와 결혼한 후 검은 머리 파뿌리 되도록 그녀를 사랑하고 함께 할 것인지, 아니면 지크프리트가 그랬던 것처럼 그녀의 머리채를 잡고 창녀처럼 세상에 팔아 넘길 것인지는 앞으로 두고 봐야 한다. 지크프리트는 구트루네를 얻기 위해 에고이즘을 상징하는 니벨룽의 반지를 브륀힐데에게서 빼앗아 자기 손가락에 끼웠다. 그리고 그녀를 바위산에서 끌고 내려와 군터에게 넘겼고, 본인은 구트루네와 불륜을 저질렀다. 진리와 결혼한 후 속세의 명예를 추구하는 것은 영적 불륜이다.

천국과 지구 모두 진리를 배반한 지크프리트의 만행에 경악하고, 우르드(과거), 스쿨드(현재), 베르단디(미래)

---

109) "이 천국 복음이 모든 민족에게 증거되기 위하여 온 세상에 전파되리니 그제야 끝이 오리라." (신약성경 마태복음 24장 14절)
110) "예수께서 가라사대 내가 곧 길이요 진리요 생명이니, 나로 말미암지 않고는 아버지께로 올 자가 없느니라." (신약성경 요한복음 14장 6절)

가 운명의 실타래를 짜고 있는 곳에서는 세상 물푸레나무, 생명 나무의 뿌리가 흔들리기 시작한다. 지구는 칠흑같이 어두워지고, 하겐의 날카로운 창은 지크프리트의 유일한 약점을 찾아 정확하게 뚫는다. 지크프리트의 죽음으로 지상 최고의 이상이 꺾이고, 기존 세상이 계속 유지될 명분이 사라졌다. 천국의 경비원 헤임달[111]이 나팔을 불고, 신들은 거인들에게 맞서 천국과 지구의 파괴가 달린 최후의 전쟁을 치르기 위해 비장한 표정을 지으며 무지개다리 위로 말을 달린다[112].

이 대목도 아주 중요한 장면이다. 악극의 첫 부분에서 니벨룽 족은 강바닥에서 살고 있었다. 라인의 황금을 훔친 알베리히는 불로 니벨룽의 반지를 주조하는데, 이건 아리안 시대처럼 공기(산소)가 풍부한 대기권 환경에서만 가능한 일이다. 이 시대의 신들은 천국의 불이 지구에 비친 상像이라 할 수 있는 무지개다리 위에서 회

---

111) Heimdal, Heimdallr. 미래를 예언하는 능력을 가진 신으로, 무지개다리 비프뢰스트에서 보초를 서면서 신들의 몰락Ragnarök을 내다본 것으로 알려져 있다.
112) 신들이 최후의 전쟁을 치르는 대목은 오페라 《니벨룽의 반지》에는 등장하지 않으며, 북유럽 신화의 내용을 따른 것이다.

〈지크프리트의 등을 찌르는 하겐〉

의를 열었다. 구약 시대의 노아는 대홍수를 거치며 셈족Semites을 이끌고 최초의 불을 지폈다[113]. 하나님은 구름 속에 무지개가 있는 한 여름과 겨울, 낮과 밤의 순환이 멈추지 않을 것이라고 약속했다. 계시록의 저자 요한은 '무지개로 둘린 이[114]'가 '마땅히 될 일[115]'을 하게 될 것이라는 계시를 받는다. 그리고 뒤에서는 머리 위에 무지개가 있는 힘센 천사가 세상의 종말을 선언하는 장면이 나온다[116]. 북유럽 신화와 기독교의 성경 둘 다

---

113) "노아가 여호와를 위하여 단을 쌓고 모든 정결한 짐승 중에서와 모든 정결한 새 중에서 취하여 번제로 단에 드렸더니." (구약성경 창세기 8장 20절)
114) "앉으신 이의 모양이 벽옥과 홍보석 같고 또 무지개가 있어 보좌에 둘렸는데 그 모양이 녹보석 같더라." (신약성경 요한계시록 4장 3절)
115) "이 일 후에 내가 보니 하늘에 열린 문이 있는데 내가 들은 바 처음에 내게 말하던 나팔 소리 같은 그 음성이 가로되 이리로 올라오라 이후에 마땅히 될 일을 내가 네게 보이리라 하시더라." (신약성경 요한계시록 4장 1절)
116) "내가 또 보니 힘센 다른 천사가 구름을 입고 하늘에서 내려오는데 그 머리 위에 무지개가 있고, 그 얼굴은 해 같고, 그 발은 불기둥 같으며, 그 손에 펴놓인 작은 책을 들고 그 오른발은 바다를 밟고 왼발은 땅을 밟고, 사자의 부르짖는 것같이 큰 소리로 외치니, 외칠 때에 일곱 우뢰가 그 소리를 발하더라. 일곱 우뢰가 발할 때에 내가 기록하려고 하다가 곧 들으니 하늘에서 소리나서 말하기를, 일곱 우뢰가 발한 것을 인봉하고 기록하지 말라 하더라. 내가 본 바 바다와 땅을 밟고 섰는 천사가 하늘을 향하여 오른손을 들고 세세토록 살아 계신 자 곧 하늘과 그 가운데 있는 물건이며 땅과 그 가운데 있는 물건이며 바다와 그 가운데 있는 물건을 창조하신 이를 가리켜 맹세하여 가로되 지체하지 아니하리니." (신약성경 요한계시록 10장 1~6절)

구름 속에 무지개가 생기면서 현시대가 시작되었다고 설명하고 있다. 무지개가 사라지면 이번 시대도 종말을 고하고, 새로운 물질적, 영적 시대가 도래할 것이다.

이 혼란의 시기에 세상에서 어떤 일들이 일어나는지, 북유럽의 고대 신화를 통해 엿볼 수 있다. 허상의 영, 로게에게는 세 명의 자녀가 있다. 지구를 몸으로 감싸며 자기의 꼬리를 물고 있는 미드가르드의 큰 뱀은 모든 사물의 형상을 굴절시키고 왜곡하는 바다를 상징한다. 인류는 오래전부터 기만의 바다를 두려워했고, 바다의 괴물이 세상을 습격했을 때 어떤 재앙이 벌어질지 상상하면서 공포에 떨었다. 대기를 상징하는 늑대 펜리르 역시 (시각적) 허상의 아들로, 거센 폭풍의 끔찍한 포효는 세상에서 가장 용감한 사람의 간담도 서늘케 한다. 죽음을 상징하는 헬은 '공포의 여왕'이다. 북유럽 신화와 성경의 창세기에 기록되어 있듯이, 자아를 의식하고 육신을 갖기 전까지 인간의 의식은 영적 세상에 머물러 있었으며, 그곳에는 허상의 요소인 불(로게), 공기(펜리르), 물(뱀)이 존재하지 않았다. 죽음(헬)의 개념도 없었다. 하지만 인간이 4대 원소의 영향을 받는 육신을 걸치고 살아가는 현시대에는 죽음이 세상을 지배한다.

헤임달의 나팔소리와 함께 파괴의 모든 요소들이 비그리드[117]의 평원으로 몰려든다. 교리의 수호자인 신들과 추종자들이 최후의 결전, 북유럽판 아마겟돈[118]을 치르기 위해 달려온 것이다. 물질적 불을 상징하는 무스펠[119]의 아들들은 남쪽으로부터 진격하면서 무지개 다리를 파괴한다. 서리 거인들은 북쪽에서 성큼성큼 다가온다. 바람을 상징하는 늑대 펜리르는 폭풍을 몰고 포효하면서 온 세상을 뒤덮는다. 바람의 속도가 워낙 빨라 땅과 마찰을 일으키면서 불이 날 지경이다. 북유럽인들은 그의 아래턱이 지구에 닿아있고, 위턱은 태양

---

117) Vígríðr. 최후의 전쟁 라그나로크가 치러진 거대한 평원.
118) Armageddon. 신약성경에 묘사된 최후의 전쟁터. "또 여섯째가 그 대접을 큰 강 유브라데에 쏟으매 강물이 말라서 동방에서 오는 왕들의 길이 예비되더라. 또 내가 보매 개구리 같은 세 더러운 영이 용의 입과 짐승의 입과 거짓 선지자의 입에서 나오니, 저희는 귀신의 영이라 이적을 행하여 온 천하 임금들에게 가서 하나님 곧 전능하신 이의 큰 날에 전쟁을 위하여 그들을 모으더라. 보라 내가 도적같이 오리니 누구든지 깨어 자기 옷을 지켜 벌거벗고 다니지 아니하며 자기의 부끄러움을 보이지 아니하는 자가 복이 있도다. 세 영이 히브리 음으로 아마겟돈이라 하는 곳으로 왕들을 모으더라." (신약성경 요한계시록 16장 12~16절)
119) Muspelheim. 북유럽 신화의 아홉 세상 중 하나로, 불의 영역.

에 다다르며, 콧구멍에서는 불이 뿜어져 나온다고 묘사했다. 펜리르는 구름 속에 무지개가 떠 있던 공기의 시대에 세상을 지배했던 신, 보탄을 한입에 삼킨다. 물을 상징하는 미드가르드의 큰 뱀은 천둥과 번개의 신, 토르의 손에 죽는다. 하지만 토르의 망치에서 나온 번개가 물을 없애버리자 세상에서 천둥과 번개도 사라진다. 북유럽 신화에서는 토르가 뱀의 시신에서 풍겨 나온 독가스에 질식하여 사망했다고 설명한다. 기독교의 요한계시록에도 천둥과 번개에 대한 얘기가 나오며, 마지막에는 바다도 사라질 것[120]이라고 설명한다.

하지만 불에 타서 재로 화한 불사조가 다시 날아오르듯이, 고대의 여사제는 '강렬한 불로 원소가 녹아버리는' 대화재의 폐허 속에서 전보다 더 깨끗하고 순수한 지구, '기믈레[121]'가 탄생할 것이라고 예언했다. 인류는 멸종하지 않았다. 세상이 불타는 와중에도 리프와 리

---

120) "또 내가 새 하늘과 새 땅을 보니 처음 하늘과 처음 땅이 없어졌고 바다도 다시 있지 않더라." (신약성경 요한계시록 21장 1절)
121) Gimlé. 라그나로크의 생존자들이 살아가게 될 곳. 신약성경의 요한계시록에 등장하는 '새 예루살렘New Jerusalem'에 해당하는 곳이다.

프트라시르[122]라는 두 남녀는 살아남았고, 이들을 통해 신과 함께 평화롭게 살아가는 새로운 종족이 탄생한다.

> *"태양보다도 눈 부시고,*
> *황금 지붕을 가진,*
> *거대한 홀이 보인다.*
> *기믈레의 정상에서,*
> *도덕적으로 순결한*
> *종족이 살아갈 것이다.*
> *그곳에서 영원히*
> *축복을 누릴 것이다."*

> *"저쪽에서 위대한 최고신 하느님이 오신다.*
> *신들의 회의를 주관하기 위해 오신다.*
> *천국의 힘을 업고 오신다.*
> *모두를 위해 생각하는 하느님이*
> *심판을 내리신다.*
> *세상의 모든 갈등을 종식하고,*
> *영구적으로 지속되는*

---

[122] Líf and Lífþrasir. 'Líf'는 '생명'을 의미한다.

평화를 구축하신다."

  이처럼 고대의 북유럽 신화는 창세기부터 요한계시록에 이르는 성경의 가르침을 색다른 각도에서 조명하고 있다. 신화에 담긴 진리를 이해하는 것은 매우 중요하다. 하지만 베드로가 말했던 것처럼 믿지 않는 사람들이 너무 많다. *"주의 강림하신다는 약속이 어디 있느뇨? 조상들이 잔 후로부터 만물이 처음 창조할 때와 같이 그냥 있다 하니, 이는 하늘이 옛적부터 있는 것과 땅이 물에서 나와 물로 성립한 것도 하나님의 말씀으로 된 것을 저희가 부러 잊으려 함이로다.[123]"* 창세기 2장에 나오는 구절, *"안개만 땅에서 올라와 온 지면을 적셨더라.[124]"* 의 중요성을 이해하는 사람은 그리 많지 않다. 안개의 자녀들(아틀란티스 초기의 니벨룽 족)은 대홍수 이후 안개가 응결되고 바다가 만들어지면서 공기를 호흡하게 된 현대의 인간과 생리학적으로 달랐다. 아주 오랜 과거에 인간에게 이런 생리학적 변화가 있었듯이,

---

[123] 신약성경 베드로후서 3장 4~5절.
[124] 구약성경 창세기 2장 6절.

지금도 새로운 변화가 다가오고 있다. 물론 우리 세대에 이루어지지 않을 수도 있다. "*그 날과 그 때는 아무도 모르나니, 하늘의 천사들도, 아들도 모르기*[125]" 때문이다. 하지만 우리는 노아의 경고를 새겨들어야 한다. 대홍수 이전의 인간들은 먹고, 마시고, 장가들고, 시집을 갔지만, 갑자기 홍수가 나서 다 멸망하였다[126]. 공기가 지배하는 새로운 세상(아리아나)에서 살아가는 데 필수적인 폐를 계발하지 못한 사람들은 떼죽음을 당했다. 하지만 인류의 선구자들은 방주에 머무르며 무사히 재난을 통과하였다.

다음 시대로의 전환을 성공적으로 통과하기 위해서는 '결혼식 예복'을 준비해야 한다. 이것이 우리에게 주어진 가장 중요한 임무 중 하나다. 바울이 언급[127]했던 *'soma psuchicon'* 또는 '영혼의 몸 soul body'은 인간이 미

---

125) "그러나 그 날과 그 때는 아무도 모르나니 하늘의 천사들도, 아들도 모르고 오직 아버지만 아시느니라." (신약성경 마태복음 24장 36절)
126) "홍수 전에 노아가 방주에 들어가던 날까지 사람들이 먹고 마시고 장가들고 시집가고 있으면서, 홍수가 나서 저희를 다 멸하기까지 깨닫지 못하였으니 인자의 임함도 이와 같으리라." (신약성경 마태복음 24장 38~39절)
127) "기록된 바 첫 사람 아담은 산 영이 되었다 함과 같이 마지막 아담은 살려 주는 영이 되었나니." (신약성경 고린도전서 15장 45절)

래에 의복처럼 착용하게 될 매우 중요한 몸(활성체vital body)이다. 다가오는 대격변을 통해 4대 원소가 소멸하였을 때, 지금처럼 육체dense body만 가진 상태로 머물러 있는 인간이 어떻게 생존할 수 있겠는가!

여섯 번째 시대[128]가 완전히 정착되기 전에 오늘날 세상을 지배하는 게르만-앵글로색슨 족에 이어 두 종족이 더 출현할 것이다. 하지만 지금도 새로운 시대를 준비하기 위한 씨앗을 보듬는 작업은 진행 중이다. 인류가 다가오는 새 시대를 맞아 결혼 예복을 올바르게 착용하는 과학적 방법을 널리 전파하고, 그로 말미암아 구세주의 재림 시기를 앞당기는 것이 바로 장미십자단Rosicrucian Order의 임무다.

---

[128] The Sixth Epoch. 극지의 시대Polarian Epoch, 극북의 시대Hyperborean Epoch, 레무리아의 시대Lemurian Epoch, 아틀란티스의 시대Atlantean Epoch, 아리안의 시대Aryan Epoch에 이은 새로운 갈릴리New Galilee의 시대.

Ⅳ. 탄호이저 (Tannhäuser)

〈탄호이저와 베누스〉

《탄호이저》 줄거리 요약

제1막

 배경은 13세기 초, 독일의 튀링겐. 기사이자 음유시인인 탄호이저는 성욕의 여신 베누스와 지내며 쾌락을 탐하고 있다. 하지만 베누스와 함께하는 삶에 조금씩 싫증을 느낀 그는 결국 금단의 구역인 베누스베르크를 떠난다.

 탄호이저는 바르트부르크 성이 있는 현실 세계로 돌아간다. 오랜만에 그를 본 동료들은 그의 근황을 묻는다. 탄호이저는 답을 회피하며 자리를 뜨려고 시도한다. 이때 그의 친구 볼프람이 탄호이저가 애타게 사랑하는 엘리자베트가 지금까지도 그를 그리워하고 있다고 전해준다.

제2막

 바르트부르크 성의 영주 헤르만이 노래 대회의 개최를 선언한다. 승자는 그의 딸, 엘리자베트로부터 손수 상을 받는 영광을 누릴 수 있다. 헤르만은 대회에 참가할 예정인 귀족과 기사들에게 노래의 주제를 선언한다: '사랑의 본질.' 볼프람은 순수하고 정신적인 플라토닉 러브에 찬사를 보내지만, 탄호이저는 베누스를 찬양하며 육체적인 사랑의 쾌락에 대해 노래한다. 탄호이저가 금단의 베누스베르크에 다녀왔다는 사실을 짐작한 관중은 경악한다. 모두가 그를 당장 추방해야 한다고 목소리를 높인다. 하지만 엘리자베트가 앞장서서 그들을 말린다. 탄호이저의 만행에 가장 큰 상처를 받은 사람이 바로 자신이라며 관중을 설득한 것이다. 헤르만은 탄호이저에게 로마에 있는 교황을 찾아가 용서를 구할 것을 명한다.

제3막

교황은 탄호이저가 용서를 받는 것보다는 자신의 마른 지팡이에서 새싹이 돋아날 가능성이 더 높다고 말하며 그를 돌려보낸다. 몇 개월 후 로마로 갔던 순례자들이 귀환했다. 순례자들 틈에서 탄호이저를 발견하지 못한 엘리자베트는 실망하고 자신이 직접 천국에 가서 용서를 구하기로 결심한다.

로마에서 돌아온 탄호이저는 교황으로부터 용서를 얻지 못했다고 볼프람에게 토로한다. 탄호이저가 분노하며 다시 베누스를 찾아가려 하자 볼프람이 그를 말린다. 이때 엘리자베트의 시신을 운구하는 행렬이 지나간다. 심한 충격을 받은 탄호이저는 마지막 숨을 내쉬고 죽는다. 얼마 후 교황의 지팡이에서 싹이 돋아나는 기적이 일어났다는 소식이 전해진다. 엘리자베트의 희생으로 탄호이저의 영혼이 구원을 받은 것이다.

등장인물

⦿ 탄호이저 (Tannhäuser): 음유시인. (테너)

⦿ 엘리자베트 (Elizabeth): 헤르만의 조카. 공주. (소프라노)

⦿ 베누스 (Venus): 사랑의 여신. (소프라노 또는 메조소프라노)

⦿ 볼프람 폰 에셴바흐 (Wolfram von Eschenbach): 음유시인. (바리톤)

⦿ 헤르만 (Hermann): 튀링겐의 영주. (베이스)

⦿ 발터 폰 데어 포겔바이데 (Walther von der Vogelweide): 음유시인. (테너)

⦿ 비테롤프 (Biterolf): 음유시인. (베이스)

⦿ 하인리히 데어 슈라이버 (Heinrich der Schreiber): 음유시인. (테너)

⦿ 라인마르 폰 츠바이터 (Reinmar von Zweter): 음유시인. (베이스)

⦿ 어린 목동 (Young shepherd): (소프라노)

⦿ 네 명의 시동 (Four noble pages): (소프라노, 알토)

⦿ 기타: 귀족, 기사, 귀부인, 순례자, 세이렌, 나이아스, 님프, 바쿠스 여사제 등.

제15장. 기쁨과 슬픔의 시계추

고대의 사랑은 잔혹했다. 남자들은 돈으로 신부를 사거나, 훔치거나, 전리품으로 취했다. 당시의 사랑은 육신을 소유하는 수준을 넘어서지 못했고, 여자는 오로지 남자에게 쾌락을 안겨주기 위해 존재하는 소지품에 불과했다. 여성의 지고하고 섬세한 면을 표현하는 기회 따위는 주어지지 않았다. 이처럼 암울한 상황이 해소되지 않으면 인류의 진보도 지속될 수 없다. 사과는 항상 나무 근처에 떨어지는 법이다. 잔혹한 관계의 남녀 사이에서 태어난 자녀 역시 잔혹할 수밖에 없다. 인류가 성장하기 위해서는 사랑의 품격도 높아져야만 했다. 탄호이저의 전설은 바로 이 사랑의 상승을 주제로 하고 있다.

탄호이저 전설은 '음유시인의 시합The Tournament of the Troubadors'이라는 이름으로도 불린다. 유럽의 음유시인은 암흑 같았던 중세시대에 스승 역할을 했던 사람들이다. 그들은 전국을 방랑하며 뛰어난 언변과 노래로 영적 가르침을 전파했던 기사들로, 궁정과 성에서 환영과 찬사를 받았다. 그들은 음악이라는 매체를 통해 사상적으로 강력한 영향력을 발휘했다. 바르트부르크 성에서 개최된 음유시인 대회에서는 당시 사회의 뜨거운 화두에 대한 해답을 구하기 위해 많은 음유시인이 몰려들었다. '여자는 자기의 몸을 소유할 자격을 가지고 있나? 여자에게는 남편의 음탕한 학대로부터 자신을 보호할 권리가 있나? 여자는 남자를 주인으로 섬기는 노예인가, 아니면 남자에게 사랑받을 수 있는 영혼인가?'

예나 지금이나 세상에는 큰 사회적 변화에 저항하면서 구시대의 유물을 내려놓지 않으려는 사람들이 많다. 바르트부르크 성에서 열린 대회에서도 양측 진영이 팽팽하게 맞섰다.

이 질문에 대한 해답은 오늘날에도 뜨거운 감자로 취급되고 있다. 아직도 지구상의 많은 사람이 이 주제에 민감하게 반응하고 있다. 하지만 남녀가 평등하다는 원리에는 변함이 없다. 우리가 사랑의 기준을 지금보다 높은 수준으로 승격시켜야만 새로운 인류가 탄생할 수 있다. 남녀평등은 영적 성장을 갈망하는 구도자들에게 있어 특히나 중요한 문제다. 지극히 당연하고 명확한 원리지만, 사회 각 분야에서 고위직으로 종사하는 인사들조차 이 문제에 대해 합의를 이루지 못하고 있다. 언젠가는 모든 사람이 여성을 남성과 동등하게 대우해야만 인류의 의식이 상승할 수 있다는 사실을 알게 될 것이다. 인간은 환생할 때마다 성별을 바꿔서 태어난다. 한때 여성을 억압했던 남자가 다음 생에서는 여자로 태어나 남성들에게 당하는 운명을 맞게 된다는 점을 기억해야 한다.

인간은 매번 성별을 바꿔 환생함으로써 무기력impotence과 전능함omnipotence을 두루 거치며 성장한다는 원리를 이해하는 사람은 한 성의 희생을 강요하고 반대 성을 우대하는 이중 잣대가 얼마나 어리석은 짓인지 잘 알고 있다. 여자는 남자보다 열등하기는커녕, 지적 역량이 요구되는 분야에서 최소한 남자와 동등하고, 오히려 더 뛰어난 능력을 발휘하는 경우도 많다는 사실이 이미 여러 차례에 걸쳐 입증된 바 있다.

전설에 따르면 탄호이저는 영적 성장의 한 단계에 이

른 영혼으로, 자기의 여자로 만들기에는 너무나도 순수하고 고결한 엘리자베트 때문에 깊은 상심에 빠진 남자다. 욕망에 불타오른 탄호이저는 결국 자기와 같은 수준의 영을 끌어당긴다.

우리의 생각은 조음기와도 같다. 내가 어떤 생각을 떠올리면, 그 생각을 인지할 수 있는 주파수에 맞춰진 영혼이 응답한다. 음탕한 생각에 빠져 있던 탄호이저는 '베누스의 산[129]'에 자연스럽게 이끌린다.

셰익스피어의 《한여름 밤의 꿈》의 이야기처럼, 탄호이저가 베누스의 산을 찾고, 아름다운 여신에게 거둬들여지고, 그녀의 매력에 흠뻑 빠져 욕망의 사슬에 매이는 이야기는 완전한 허구가 아니다. 실제로 세상에는 하늘, 물, 불에 거주하는 정령이 존재하며, 특수한 조건에서 인간이 이들과 교류하는 경우도 있다. 미국처럼 모든 것이 현대화된 나라에서는 힘들지 모르지만, 유럽, 특히 신비스러운 분위기가 아직도 감도는 북유럽

---

[129] The Mountain of Venus. 그리스/로마 신화에 등장하는 사랑, 아름다움, 성의 여신 아프로디테/비너스가 거주하는 곳. 아름다움은 신의 대표적인 속성 중 하나지만, 비너스가 상징하는 성적 매력에 너무 깊게 빠지면 탄호이저처럼 육체적 욕망의 포로가 될 수도 있다.

주민들은 엘리멘탈[130]의 실재에 어느 정도 익숙해져 있다. 탄호이저 전설에 등장하는 아름다움의 여신 베누스도 인간의 하위 속성에서 발산되는 에너지를 양식으로 삼아 방대한 창조의 힘을 발휘하는 정령 중 하나다. 이 정령 중에는 영매에게 빙의하여 도덕심을 망각하도록 선동하고, 영혼의 배필을 사칭하면서 흡혈귀처럼 피해자의 활력을 빨아먹는 매우 위험한 존재들도 있다. 중세시대의 의사이자 철학자였던 파라켈수스[131]는 이들을 '인큐버스[132]'와 '서큐버스[133]'라 칭했다.

탄호이저 악극의 첫 장면은 음탕한 기운으로 가득한 베누스의 동굴을 배경으로 하고 있다. 탄호이저는 긴 의자에 한가로이 누워있는 여신 앞에 무릎을 꿇고 있

---

130) Elementals. 자연계에 존재하는 정령으로, 중세시대의 신비주의 철학자 파라켈수스Paracelsus에 따르면 4대 원소 별로 흙의 정령 그놈Gnome, 물의 정령 언딘Undine, 불의 정령 살라만더Salamander, 그리고 공기의 정령 실프Sylph로 분류된다고 한다. 엘리멘탈에 대한 자세한 내용은 윤앤리 퍼블리싱 출판사에서 출간한 맨리 P. 홀의 《별자리 심리학》을 참조하기 바란다.

131) Paracelsus (1493/4 ~ 1541). '스위스의 헤르메스'라 불리는 16세기의 철학자, 의사, 식물학자, 점성학자, 연금술사, 오컬티스트. 본명은 Philippus Aureolus Theophrastus Bombastus Paracelsus von Hohenheim.

132) Incubi. 자고 있는 여성을 덮쳐 성적 쾌락을 탐하는 남성 악령.

133) Succubi. 꿈꾸고 있는 남성에게 여성의 형태로 나타나 성적 행위로 유혹하는 악령.

다. 그는 마치 꿈에서 깨어난 듯한 표정을 지으며 세상 속으로 돌아가고 싶다고 그녀에게 고한다. 그러자 베누스가 대답한다.

"바보 같은 사람 같으니! 내 사랑이 싫증 났다는 말인가요?
사랑이 깨져서 괴로워했던 나날들 벌써 잊었어요?
음유시인이여, 어서 하프로 신성한 환희를 찬미하세요!
사랑의 보물, 사랑의 여신을 사로잡았다고 노래하세요!"

여신의 호통에 정신을 차린 탄호이저는 하프를 켜고 노래하며 베누스를 찬양한다.

"모두가 당신을 찬양하리! 영원히 당신을 경배하리!
당신이 내려주는 부드럽고 달콤한 기쁨,
시간과 사랑이 허락하는 한,
나의 하프는 당신을 위해 노래하리라!
사랑의 기쁨, 쾌락의 만족감,
나의 감각과 마음이 갈망하누나!
오로지 신만 측정할 수 있는 당신의 사랑.
당신은 그 사랑을 나에게 주었소,

그 기쁨을 나에게 주었소.
인간에 불과한 내가 당신의 신성한 사랑을 받을 수 있을지,
당신과 내가 하나가 될 수 있을지.
신은 멈추지 않고 사랑을 베풀 수 있지만,
나는 교차의 법칙에 따라,
기쁨뿐 아니라 이제는 고통도 맛보고 싶소.
인간에게는 변화가 필요하다오.
기쁨이 넘치면 고통을 갈구하게 되는 법.
여왕이여, 나는 이제 떠나야만 하오!"

인류가 아틀란티스를 떠나 공기로 가득한 아리아나에 정착했을 때, 하늘에는 새로운 시대의 출범을 알리는 첫 무지개가 떴다. 당시에는 구름 위에 무지개가 존재하는 한 계절의 변화가 끝없이 이어질 것이라는 계시가 있었다. 밤과 낮, 여름과 겨울, 썰물과 밀물을 비롯한 자연계의 모든 순환이 중단 없이 계속 이어질 것이라는 언약이었다. 《파우스트》를 다루는 장에서 이미 설명했지만, 음악도 매 순간 하모니로만 채워지는 것은 아니다. 가끔 불협화음이 등장해야 그다음에 흘러나오는 멜로디의 아름다움을 감사하게 여길 수 있다. 고통과 슬픔, 기쁨과 행복도 같은 원리로 반복 순환한다. 천국에 계속 머무르면서 지구에서만 할 수 있는 경험을 얻을 수 없듯이, 반대의 극성을 그리워하지 않으며 한 상태에만 계속 머무를 수는 없다. 베누스의 동굴에서 영원한 쾌락을 맛보고 있는 탄호이저의 내면에서도 황홀경을 잠시 멀리하고 세상의 갈등과 고생을 다시 경험하고 싶은 충동이 솟아오르고 있다. 영적 성장에 아무런 도움이 되지 않는 쾌락을 잊고, 고통을 통해서만 배울 수 있는 가르침을 얻고 싶은 것이다. 하지만 인간의 하위 속성은 영혼을 지배하기 위해 계속 수작을 벌인다. 나쁜 습관을 고치려는 모든 노력이 물거품이 되도록 수단과 방법을 가리지 않는다. 탄호이저 악극에서 인간의 이런 저질 속성을 상징하는 베누스가 그를 만류하며 경고한다.

"당신의 영혼은 흙 속에 처박히고,
역경을 체험하며 긍지도 땅에 곤두박질칠 거예요!
그렇게 자신감을 잃고 열정이 식어,

다시 나에게 기어와 기쁨을 맛보게 해 달라고 애원하겠죠!"

하지만 탄호이저의 결심은 단호하다. 세상으로 돌아가고 싶은 내면의 충동이 너무 강해서 아무도 그를 말릴 수 없다. 베누스의 마력이 아직 작용하고는 있지만, 그는 힘을 짜내어 외친다.

"내 명줄이 붙어있는 한,
나의 하프는 당신을 위해 노래하리라!
당신만을 위해 나 소리 높여 찬양하리라!
아름다움과 우아함의 근원이여,
세상에서 가장 달콤한 노래로도 표현할 수 없는 그대여.
당신이 내 가슴에 지핀 불꽃,
당신만을 위해 훨훨 타오르리.
나 지금 슬픈 마음으로 당신 곁을 떠나지만,
영원히 당신을 대변하는 전사가 되리라.
하지만 지금은 세상의 삶을 경험하기 위해 가야 하오.
이곳에서는 당신의 노예로 남을 수밖에 없소.
나 죽음에 이르는 한이 있더라도 자유를 갈망하오.

여왕이여, 나 이제 당신 곁을 떠나오!"

탄호이저는 저급하고 감각적인 사랑의 대변인이 되겠다고 맹세한 뒤 베누스의 동굴을 떠난다. 그는 육체적인 사랑의 위대함을 세상에 널리 전파하겠다고 다짐한다. 가슴 속에서 열정이 불타면 실행으로 옮겨야 직성이 풀리는 것이 인간의 속성이다.

지리에 익숙한 탄호이저는 음유시인들이 종종 머무는 영주의 저택이 있는 바르트부르크로 곧장 향한다. 음유시인의 후원자인 영주는 이들을 환대하고 선물 공세까지 하는 것으로 잘 알려진 사람이다.

한참 길을 걷다가 탄호이저는 숲속을 거닐고 있는 음유시인의 무리를 만난다. 그의 옛 친구들은 오랜만에 만난 탄호이저에게 반갑게 인사를 건네며 안부를 묻는다. 하급 정령들과 어울리는 행위가 철저하게 금기시되고 있다는 것을 잘 아는 탄호이저는 자신이 베누스의 동굴에 머물렀었다는 사실을 숨기고 대답을 얼버무린다. 그는 동료들을 통해 조만간 노래 대회가 열릴 예정이라는 소식을 듣고, 함께 가자는 제안을 받는다.

⟨베누스를 뿌리치고 떠나는 탄호이저⟩

이번 대회의 주제는 사랑이고, 영주의 아름다운 딸 엘리자베트(탄호이저가 베누스의 동굴을 찾아가도록 사랑의 열병을 안겨주고 그의 영혼에 꺼지지 않는 불을 지핀 순수한 여인)가 우승자에게 직접 상을 건네게 되어있다는 얘기를 들은 탄호이저는 반드시 우승하여 그녀에게 자신의 심경을 고백하리라 마음먹는다. 성장의 법칙에 역행하면 반드시 뿌린 대로 거두게 되어 있다. 탄호이저는 지금 베누스의 동굴에서 애타게 염원했던 고통의 씨를 뿌리고 있는 중이다.

제16장. 음유시인, 중세시대의 입문자

탄호이저가 베누스의 동굴에서 나왔을 때 가장 먼저 들은 소리는 죄의 사함을 받으러 로마로 향하고 있는 순례자들의 웅성거림이었다. 순례자들의 모습을 본 탄호이저는 자신의 죄를 떠올리며 심한 양심의 가책에 시달린다. 그는 자기도 모르게 무릎을 꿇고 죄를 뉘우치며 회개한다.

"신이시여, 당신을 찬양합니다!
신이시여, 제게 자비를 베푸소서!
나 무거운 죄의 짐에 짓눌려,
앞으로 나아가기가 버겁습니다.
당신으로부터 용서를 받기 전에는,
마음의 평온도, 휴식도 있을 수 없습니다."

탄호이저는 베누스를 사랑한 불순한 죄로 인해 축복받지 못하고 홀로 세상을 방랑하는 저주를 받은 기분으로 실의에 잠긴다. 앞서 설명했듯이, 멀리서 그를 알아본 동료 음유시인들이 다가와서 바르트부르크에서 열리는 노래 대회에 함께 가자고 제안하고, 그는 엘리자베트에 대한 동경심으로 대회 참가를 결심한다. 하지만 심한 죄책감 때문에 그녀에게 직접 접근할 엄두를 내지 못한다. 그의 딱한 모습을 보다 못한 볼프람 폰 에셴바흐가 다가와 엘리자베트가 지금도 탄호이저를 사랑하고 있으며, 그가 떠난 이후 단 한 번도 대회를 보러 온 적이 없다고 귀띔해준다. 중세시대의 가장 순수하고 아름다운 인물인 볼프람도 엘리자베트를 진심으로 사랑했지만, 그는 가슴이 찢어짐에도 불구하고 친구 탄호이저가 엘리자베트와 맺어지도록 힘썼다. 볼프람의 말을 전해 듣고 영혼에 다시 열정의 불길이 솟아오른 탄호이저가 노래한다.

"아, 신이 다시 나에게 미소를 짓는가!
내가 잃어버렸던 빛을 다시 선사하시는가!
천국의 태양이시여, 저를 버리지 않으셨단 말입니까?
제 앞을 가로막던 먹구름을 걷어내시는 겁니까?
달콤한 5월이 다시 와 노래한다.
나의 슬픔을 몰아내고 기쁨으로 채우네.

새로운 빛이 찬란하게 내리쬔다.
내 영혼을 기쁨으로 다시 밝혀준다!"

성에서 탄호이저를 만난 엘리자베트가 말한다.

"나의 온 세상이 컴컴하게 어두워지고,
평온과 기쁨이 모두 사라졌어요.
당신의 노래를 들었을 때,
행복과 고민의 고통을 알게 되었어요.
당신이 이곳을 떠났을 때,
내 마음의 평온도 함께 떠났어요.
음유시인의 노래도 나에게 기쁨을 주지 못했어요.
그저 울적하고 죽은 소리에 불과했어요..
꿈속에서 나는 상심의 고통에 신음했어요.
잠에서 깰 때마다 그 아픔이 되살아났어요.
삶의 즐거움이 모두 사라졌어요.
그런데 왜 지금은 이렇게 행복할까요!"

이에 탄호이저가 대답한다.

"사랑의 신에게 경배를!
그녀는 마법으로 나의 하프를 축복했고,
나의 노래를 통해 말한다오.
나를 당신에게로 인도했다오!"

엘리자베트가 다시 고백한다.

"이 순간을 찬양하겠어요!
사랑의 힘을 찬양하겠어요!
드디어 당신에게 인사드립니다.
당신, 더는 방랑하지 말아요.
지금부터 새롭게 시작해요.
제 가슴 안에서 새롭게 출발해요.
슬픔의 먹구름이 흩어지고 있어요.
그 사이로 기쁨의 햇빛이 비치고 있어요!"

엘리자베트는 볼프람과 탄호이저의 가슴에 사랑을 불러일으키지만, 제2막에서 등장하는 두 사람의 노래를 통해 이들이 사랑을 바라보는 관점이 얼마나 대조적인지 볼 수 있다. 바르트부르크의 영주가 대회의 개막을 선포한다.

> *"우리는 전쟁터에서 죽음에 맞서 싸웠도다!*
> *기사처럼 명예를 지키기 위해 싸웠도다!*
> *시인들 역시 싸우며 미덕을 구했도다!*
> *아름다운 음성과 하프 연주로 신념을 지켰도다!*
> *이제 다시 악기를 들고 노래해 보자꾸나.*
> *진정한 사랑이 무엇인지, 우리에게 빛을 밝혀다오.*
> *사랑의 참된 의미를 가장 아름답게 표현하는 자,*
> *공주로부터 직접 상을 받게 될지어다!"*

이 구절에서 기사와 음유시인의 상대적인 역할과 범위를 알 수 있다. 기사의 임무는 검을 들고 전쟁터로 나가 도움이 필요한 자들을 보호하고, 약자들을 대신하여 싸우는 것이었다. 그 시대의 신사도를 따르고, 힘없는 자를 보호하고, 적군 아군 할 것 없이 명예를 지키는 기사는 영혼의 계발을 위해 필요한 물질적, 도덕적 용기를 배울 수 있었다. 시대와 장소를 불문하고 영적 성장의 여정을 내딛는 사람은 모두 '명문가의 기사'로 불릴 수 있다. 현대의 영적 기사도 중세시대의 기사에게 요구되었던 덕목을 갖추어야 한다. 영적 성장의 길에는 수많은 위험이 도사리고 있고, 때로는 물리적인 용기도 필요하기 때문이다. 예를 들어, 영이 해방되기 위해서는 육신이 약해져야 한다. 일반적으로 질병은 영혼의 성장을 촉진하며, 그 기간 중 육신의 고통을 감내하기 위해서는 용기가 필요하다. 우리가 고대하는 영적 성장을 이루려면 영혼을 위해 육신을 희생해야 하는 경우도 있다.

한편 음유시인의 임무는 용기를 비롯하여 구도자에게 필요한 덕목을 머릿속에 심어주는 것이었다. 음유시인에게는 일반인이 인지하지 못하는 자연의 미묘하고 세련된 면과 교감할 수 있는 시적 능력이 있다. 무엇보다 중세시대 음유시인의 상당수가 의식 수준이 높은 입문자 내지는 평수사平修士였다. 따라서 그들의 입에서 흘러나오는 노래는 곧 지혜의 가르침으로 간주되었고, 많은 이들이 음유시인을 스승, 현자, 또는 귀족의 친구로 우러러보았다.

〈엘리자베트와 볼프람 폰 에셴바흐〉

물론 예외도 더러 있었지만, 탄호이저는 진정한 음유시인 중 하나였다. 흠이 많음에도 불구하고 고귀한 영혼이었다. 모든 구도자는 영적 성장의 길에서 볼프람이 되기 이전에 탄호이저부터 거쳐야 한다. 음유시인 대회에서 볼프람이 보여준 지고한 영적 사랑의 개념을 이해할 수 있는 수준에 도달하기 전에 탄호이저가 설명하는 관능적 사랑에 먼저 공감하게 된다는 뜻이다.

본격적으로 대회가 시작되고, 누구부터 노래할지 정하기 위해 제비를 뽑는다. 볼프람이 첫 번째 음유시인으로 선정되었다. 그가 노래한다.

"고귀한 분들이 모이신 이곳을 둘러보면
그 아름다운 모습에 부풀어 오르는 내 마음!
용감하고 현명하고 신사적인 영웅들,
새싹 돋아 푸르러진 우람한 떡갈나무 숲처럼,
그 곁에 사랑스럽고 정결한 여인들을 바라보노라.
아름다운 꽃향기 그윽한 화관을 쓴 부인들.
나의 눈 그 빛나는 광경에 도취되고,
우아한 그 빛 앞에서 나 말문이 막히도다.

간신히 눈을 들어 별 하나를 바라보니,

그 별 나를 비추며 하늘에 떠 있도다.

순수하고 부드러운 그 광채를 보니,

나도 모르게 성스러운 꿈을 꾸며 기도한다.

모든 즐거움과 힘이 근원이

내 앞에 그 정체를 드러낸다.

깊이를 헤아릴 수 없는 그 샘에서 모든 기쁨이 솟아나고,

그 샘에서 나오는 연고가 모든 슬픔을 어루만진다.

나는 그 샘을 결코 오염시키지 않으리라.

내 더러운 야망으로 때 묻히지 않으리라.

나 그저 무릎 꿇고 내 영혼을 바치리라.

내 가슴에 따라 그대를 위해 살고 죽으리라.

내 입에서 나오는 보잘것없는 단어들이,

진정한 사랑에 대한 내 느낌을 과연 표현할 수 있을지……"

볼프람이 노래를 마치자 꿈을 꾸고 있는 듯한 표정의 탄호이저가 일어나 노래한다.

"나도 기쁨을 제공하는 그 샘의 물을 맛보았소.

나도 그 물이 무엇을 의미하는지 안다오, 볼프람.
생명을 가진 존재가 그 샘을 모를 수 있을까?
그 물의 효능에 대해 지금부터 말하겠소.
하지만 영혼이 열망으로 가득 차 있지 않다면
그곳에 접근하지 않는 게 좋을 것이요.
나는 생기와 가슴을 새롭게 채우기 위해
그 샘물을 마셨소.
오, 즐거움의 물결이여, 그대를 가지고 싶소!
그대 앞에서는 모든 두려움과 의심도 말끔히 사라진다오!
헤아릴 수 없는 그대의 축복이 나를 적셔라!
나의 가슴은 오직 당신을 위해서만 뛴다오!
꺼질 줄 모르는 나의 불같은 가슴,
당신을 그리워하며 계속 태우리라!
친애하는 볼프람이여!
이게 바로 진정한 사랑의 본질이요!"

사랑의 양극을 아주 잘 묘사한 두 편의 시다. 볼프람은 영혼 간의 사랑을 노래했고, 탄호이저는 감각적인 사랑을 노래했다. 볼프람의 사랑은 베풀고자 하는 사랑이고, 탄호이저의 사랑은 받기 위해 요구하는 사랑이다. 위에서 인용한 대목은 대회의 시작 부분에 불과하지만, 사랑의 두 대조적인 측면을 대표하는 시인들의 생각이 대략 어떠한지 감을 잡기에는 충분하다. 볼프람 폰 에셴바흐는 원초적인 개념의 사랑을 초월하는, 더욱 새롭고 아름다운 사랑을 노래하고 있다.

오늘날에도 사랑과 소유를 분간하지 못하는 사람들이 있다는 사실이 참으로 안타깝다. 인간이 성별을 번갈아 가며 환생한다는 원리를 알고 있는 사람이라면 인간의 영혼은 양성을 지니고 있고, 남자든 여자든 인체에는 반대 성의 흔적이 발달하지 않은 상태로 남아 있으며, 따라서 이번 생에서 어느 성별의 의복을 입고 태어났든 간에 남녀 모두 동일한 권리를 지니고 있다는 사실을 충분히 이해할 수 있을 것이다.

제17장. 용서받을 수 없는 죄

대회가 진행되면서 대다수 음유시인이 영혼 간의 사랑이라는 지고한 개념을 아름다운 언어로 찬미하고, 그때마다 탄호이저는 중간에 끼어들어 관능적인 사랑을 열정적으로 두둔한다. 대회 참가자들이 무미건조한 단어들을 남발하고 있다는 생각이 든 탄호이저는 참지 못하고 "베누스의 산으로 가시오! 그녀가 진정한 사랑이 무엇인지 그대들에게 알려줄 것이오!"라고 외친다.

이 말 한마디로 탄호이저가 죄책감을 느끼며 숨겨왔던 비밀이 만천하에 공개된다. 대회 참가자들은 탄호이저가 용서받을 수 없는 최악의 범죄, 정령과 동침하는 끔찍한 죄악을 저질렀다는 사실을 알게 된다. 구원받을 수 없을 정도로 타락한 영혼이라는 생각에 그의 동료들은 저마다 칼을 뽑아 탄호이저를 겨냥한다. 엘리자베트가 급히 개입하여 그의 죄가 용서받을 순 없지만 회개할 기회는 주어야 한다고 사정하지 않았더라면 그 자리에서 죽을 수도 있는 상황이었다. 그때 멀리서 순례자들의 행진 소리가 들려오고, 음유시인들은 그가 순례에 동참하여 로마에 있는 성좌[134]로부터 사면을 받으면 목숨만은 살려 주겠다고 제안한다.

자신을 변호하면서 슬퍼하는 엘리자베트의 모습을 본 탄호이저는 자기가 얼마나 큰 죄를 범했는지 비로소 실감하며 극심한 자괴감에 빠진다. 그는 순례자의 행렬에 동참하겠다는 뜻을 적극적으로 내비치고 로마를 향해 걸어간다. 곧은 심지의 소유자인 탄호이저는 뭐든 대충하는 법이 없다. 큰 죄를 지은 만큼, 회개하는 마음도 진지하다. 그는 더러워진 영혼을 깨끗이 씻어내고 엘리자베트를 통해 깨달은 지고하고 아름다운 사랑을 위해 자신의 전부를 다 바치겠다는 경건한 자세로 순례에 임한다.

다른 순례자들이 앞을 바라보며 찬양의 노래를 부르는 동안, 탄호이저는 로마가 있는 방향을 쳐다보지도 않으며 홀로 읊조린다. "신이시여, 죄인에게 자비를 베푸소서." 순례자들이 중간중간에 휴식을 취하고 여관에서 단잠을 청하는 동안 그는 눈 위에서 자고, 평평한 길

---

134) 聖座, 교황.

대신 가시밭길을 걸으며 고통을 자초한다. 심지어 이탈리아 땅에 도착한 후에는 아름다운 경관을 감상하며 즐거워할 수 없도록 눈가리개를 한 채로 영원한 도시(로마)를 향해 걸어간다.

드디어 로마에 당도하여 교황 성하를 알현하는 기회를 얻은 탄호이저는 일말의 희망을 품는다. 그는 죄를 용서받기 위해 로마에 온 수천여 명의 순례자들이 축복을 받은듯한 황홀한 표정을 지으며 한결 가벼운 마음으로 떠나는 모습을 지켜본다.

드디어 그의 차례가 왔다. 그는 근엄한 표정의 교황 앞에 서서 마음의 짐을 덜어줄 수 있는 따스한 말 한마디를 침착하게 기다린다. 하지만 기대했던 것과 반대로 청천벽력 같은 선고를 받는다.

"당신이 악령들과 어울렸다면 용서받을 수 없소. 천국에서도, 지상에서도 절대 용서받을 수 없소. 당신의 죄가 용서받기보다는 내가 손에 쥐고 있는 마른 지팡이에서 파란 새싹이 돋아나기를 기대하는 편이 더 나을 것이오."

〈교황을 찾아간 탄호이저〉

교황의 냉엄한 선언에 탄호이저는 마음속에 품고 있던 최후의 희망까지 잃는다. 그 순간 피가 끓는듯한 욕망이 다시 꿈틀댄다. 사랑했던 마음이 증오로 바뀌고 화가 치밀어 오르면서 그는 하늘과 땅을 향해 욕설을 퍼붓고, 진정한 사랑을 얻을 수 없다면 차라리 베누스의 동굴로 돌아가 다시 그녀를 탐하겠노라고 맹세한다. 그리고 순례자들에게 다가오지 말라고 엄포를 놓은 후, 혼자서 고향으로 돌아간다.

한편 탄호이저의 가슴에 사랑의 씨앗을 심어줬던 순결한 여인 엘리자베트는 죄인을 용서해달라고 매일 기도한다. 그녀는 날마다 로마로 향했던 순례자 일행이 돌아오기를 기다린다. 일행이 귀환하던 날, 탄호이저의 모습이 보이지 않자 깊은 절망에 빠진 그녀는 다른 방법이 없다고 판단하고 탄호이저를 대신하여 신에게 용서를 청하기 위해 세상을 떠난다. 뒤늦게 궁정에 도착한 탄호이저는 엘리자베트의 장례식 행렬을 보며 이루 말할 수 없는 슬픔에 빠진다.

얼마 후 또 하나의 순례자 행렬이 지역을 통과하면서

로마에서 일어난 기적의 이야기를 전한다. 교황의 마른 지팡이에서 푸른 싹이 돋아나고, 세상에서 용서받지 못한 어느 죄인이 천국에서 사면을 받았다는 놀라운 소식이었다.

비록 중세시대와 가톨릭교회의 어법으로 장식되어 있고, 한 인간이 다른 인간의 죄를 사하거나 구원을 거부할 수 있다는 개념을 받아들이지 않는 사람도 있겠지만, 현대를 사는 우리에게도 시사하는 바가 큰 진리가 담겨 있는 전설이다. 이 전설의 핵심 주제는 '용서받을 수 없는 죄'다. 용서받을 수 없는 죄는 단 하나이며, 그 죄를 지은 사람은 속죄와 회개로 구원을 얻어야 한다. 천사들의 지배자인 여호와는 달의 시대Moon Period 최고의 입문자이며, 달의 힘으로 인류의 성장을 지도하는 존재다. 그는 생성(생식)을 주관하고 생명을 임신할 수 있게 하는 신으로, 달의 빛을 활용하여 길일에 출산이 이루어지도록 함으로써 인간과 동물에게 새끼를 선물한다. 여호와는 출산을 관장하는 특권을 자랑스럽게 여기는

<엘리자베트의 죽음으로 구원을 받은 탄호이저>

질투심 많은 신이다[135]. 따라서 여호와는 인간이 선악과The Tree of Knowledge of Good and Evil의 열매를 따 먹고 출산의 권한을 자체적으로 행사하자 그들을 낙원에서 추방하고 황야를 방랑하도록 하는 형벌을 내렸다. 용서는 없었다. 인간으로서 할 수 있는 일은 죄에 따른 고통의 대가를 치르면서 속죄하는 길뿐이었다.

인간은 타락[136]하기 전까지는 선과 악을 알지 못했다. 그저 위에서 내려온 지시만 따를 뿐, 자신의 의지로 할 수 있는 일은 하나도 없었다. 하지만 자체적으로 생식을 시작하고, 선악과를 따먹은 대가로 고통과 슬픔을 겪으면서 선과 악의 차이를 알게 되었다. 선택하는 능력과 특권을 갖게 된 것이다. 그 후 인간은 삶의 법칙을 어긴 죄, 즉, 천체들의 광선이 길하지 않은 시점에 성교

---

135) "너는 다른 신에게 절하지 말라. 여호와는 질투라 이름하는 질투의 하나님임이니라." (구약성경 출애굽기 34장 14절) "너희 중에 계신 너희 하나님 여호와는 질투하시는 하나님이신즉, 너희 하나님 여호와께서 네게 진노하사 너를 지면에서 멸절시키실까 두려워하노라." (구약성경 신명기 6장 15절)

136) The Fall of Man. 일반적으로 아담과 이브가 죄를 짓고 '타락'하여 지상낙원에서 쫓겨난 일을 지칭하는 표현이지만, 신비주의 가르침에서는 영적 존재인 인간이 물질 세상을 경험하기 위해 '땅으로 내려오는 것'으로 해석한다. 성경에 등장하는 '돌아온 탕아'의 이야기, 길을 잃었다 다시 주인에게 돌아온 어린 양의 이야기 등을 통해 이 개념을 이해할 수 있다.

함으로써 분만의 고통을 겪고 각종 질병에 시달리게 되었지만, 이 모든 것을 상쇄하고도 남는 자유의지의 특권을 얻었다.

이 주제와 관련하여 달은 열두 별자리 중 게자리Cancer를 지배하고, 악성 암malignant cancer은 과학이 아무리 발달해도 치유될 수 없다는 사실을 언급하고 싶다. 충분한 크기의 표본을 대상으로 조사가 이루어진 것이 아니기 때문에 아직 '법칙'이라 부를 수는 없지만, 많은 암 환자들의 삶을 자세히 분석해본 결과, 예외 없이 전생에서 극단적으로 육신의 쾌락을 추구하는 삶을 살았던 것으로 확인되었다. 성 삼위일체의 성령[137]에 해당하는 여호와가 달의 힘으로 생명체의 생식 기능을 관장하고, 달은 게자리를 지배하며, 인간의 성을 짐승처럼 오용했던 자들이 나중에 암에 걸리게 된다는 것, 악성 암은 치

---

137) Holy Spirit. 정교회에서는 성부-성자-성령으로 구성된 삼위일체 중 여호와를 성부로 보고 있으나, 기독교 신비주의에서는 성부를 유일신, 성자를 그리스도, 성령을 여호와로 보고 있다. 훗날 이단으로 규정된 초기 기독교의 영지주의에서는 얄다바오트Ialdabaoth가 성령에 해당하며, 플라톤 철학에서는 그를 물질 세상을 창조한 '우주 조각가'를 의미하는 데미우르고스Demiurgos라 불렀다. 기독교에서 성령의 개념은 서기 381년에 개최된 제1회 콘스탄티노폴리스 공의회에서 공표되었다.

유될 수 없으며 성경에도 "*성령을 훼방하는 것은 사하심을 얻지 못한다*[138]"라고 기록되어 있다는 점은 매우 흥미롭다.

불타는 검을 들고 에덴동산의 문을 지키고 있는 케루빔[139]과 솔로몬 성전의 문 앞에 핀 꽃과 함께 있는 케루빔[140], 파르지팔의 성창과 성배, 싹을 틔운 아론과 교황의 마른 지팡이, 죄인 탄호이저의 영혼을 구원하기 위해 죽은 순결한 엘리자베트는 신비스러운 방식으로 연결되어 있다.

유혹의 고문을 받고 괴로워해 본 적 없는 사람은 유혹에 굴복하여 쓰러진 사람의 심정을 알지 못한다. 그리스도 예수의 몸 안에서 우리와 똑같이 욕망과 유혹을 느꼈다. 성경에는 "*우리에게 자비(긍휼하심)를 베푸*

---

[138] "그러므로 내가 너희에게 이르노니 사람의 모든 죄와 훼방은 사하심을 얻되 성령을 훼방하는 것은 사하심을 얻지 못하겠고." (신약성경 마태복음 12장 31절)

[139] Cherubim. "이같이 하나님이 그 사람을 쫓아내시고 에덴 동산 동편에 그룹(케루빔)들과 두루 도는 화염검을 두어 생명나무의 길을 지키게 하시니라." (구약성경 창세기 3장 24절)

[140] "솔로몬이 내소 가운데 그룹을 두었으니 그룹들의 날개가 폐었는데 이 그룹의 날개는 이 벽에 닿았고 저 그룹의 날개는 저 벽에 닿았으며 두 날개는 전의 중앙에서 서로 닿았더라. 저가 금으로 그룹에 입혔더라. 내외소 사면 벽에는 모두 그룹들과 종려와 핀 꽃 형상을 아로새겼고." (구약성경 열왕기상 6장 27~29절)

는 *대제사장이 되기 위함*"이라고 적혀 있다[141]. 예수 그리스도마저 유혹을 받았다는 점에서 우리는 유혹을 받는 것 자체는 죄가 아님을 알 수 있다. 유혹에 굴복하는 것이 죄다. 예수는 굴복하지 않았으므로 죄인이 아니다. 유혹을 견뎌내는 사람은 물론 높은 수준의 성장을 이룬 사람이다. 하지만 현재 지구상에 있는 사람 중 그 정도의 완벽한 경지에 이른 자는 한 명도 없다. 우리가 할 수 있는 최선은 유혹에 넘어가 죄를 범하더라도 그 대가로 고통을 받으며 죗값을 치르고, 죄인의 운명은 험난하다는 사실을 깨달은 후 도덕의 길로 인생 항로를 수정함으로써 전보다 나은 사람이 되는 것이다. 이런 사람은 유혹이 없는 온실 속에서 순수한 삶을 지속한 사람보다 영적으로 훨씬 많은 성장을 이룬 사람이다. 그리스도도 *"죄인 하나가 회개하면 하늘에서는 회개할 것 없는 의인 아흔아홉을 인하여 기뻐하는 것보다*

---

[141] "그러므로 우리에게 큰 대제사장이 있으니 승천하신 자 곧 하나님 아들 예수시라 우리가 믿는 도리를 굳게 잡을지어다. 우리에게 있는 대제사장은 우리 연약함을 체휼하지 아니하는 자가 아니요 모든 일에 우리와 한결같이 시험을 받은 자로되 죄는 없으시니라. 그러므로 우리가 긍휼하심을 받고 때를 따라 돕는 은혜를 얻기 위하여 은혜의 보좌 앞에 담대히 나아갈 것이니라."
(신약성경 히브리서 4장 14~16절)

더하리라"고 말씀하셨다[142].

 순수함과 미덕에는 큰 차이가 있다. 우리가 또 한 가지 주의해야 할 것은, 남자의 죄는 '누구나 실수할 수 있다'는 식으로 용납하고 여성의 죄는 '삶을 망친 중대한 범죄'로 취급하는 이중 잣대의 오류를 깨닫는 것이다. 백년가약을 맺은 여성 배우자의 어두운 과거와 실수에 대해 알게 되었다면, 내 아내는 슬픔이 무엇인지 아는 사람이고, 슬픔을 통해 연민과 관용을 배웠으며, 첫 유혹에 힘없이 무너질 가능성이 높은 '평생 순수하게 살아온' 여성보다 훨씬 강하고 타인의 아픔에 공감할 줄 아는 훌륭한 동반자라는 점을 오히려 자랑스러워해야 할 것이다.

---

[142] "내가 너희에게 이르노니 이와 같이 죄인 하나가 회개하면 하늘에서는 회개할 것 없는 의인 아흔아홉을 인하여 기뻐하는 것보다 더하리라." (신약성경 누가복음 15장 7절)

제18장. 싹을 틔운 지팡이

파우스트의 서문에서 신은 영웅에 대해 다음과 같이 말한다.

"그가 지금은 혼란스럽게 나를 섬길지라도
나는 그를 곧 빛으로 인도할 것이다.
정원사는 작은 나무가 푸르러지는 것을 보고
꽃이 피고 열매가 달릴 것을 아는 법이니라."

이는 모든 인간에게 해당하는 얘기다. 시력의 한계를 안고 있는 우리는 현재 '혼란스럽게' 신을 섬기고 있다. 우리는 내가 해야 할 일이 무엇인지, 나에게 주어진 재능을 어떻게 써야 할지 정확하게 알지 못한다. 하지만 신은 우리가 성장하면서 더욱 밝은 빛을 향해 나아가도록 지도하며, 우리도 언젠가는 영적으로 척박한 상태에서 벗어나 꽃을 피우고 열매를 맺을 것이다. 그때가 되면 의식적으로 신을 섬길 수 있다.

이 원리는 누구에게나 동일하게 적용되지만, 스승 역할을 하며 세상의 주목을 받는 자들이 특히나 새겨들어야 할 말이다. 빛이 강할수록 그림자도 짙은 법이며, 불완전한 인간임에도 불구하고 스승이라는 무거운 짐을 짊어져야 하는 사람일수록 더 큰 부담을 느껴야 하는 것은 당연한 일이다.

탄호이저 전설의 교황은 법을 문자 그대로 집행해야 하는 입장이기 때문에 용서를 받겠다는 실낱같은 희망을 품고 로마까지 온 탄호이저의 얼굴 앞에 대고 구원의 문을 쾅 닫아버렸지만, 신은 그에게 자비를 베풀었다. 비록 큰 죄를 지었지만, 그가 진정한 마음으로 회개하고 죄를 뉘우쳤기 때문에 용서한다는 징표로 교황의 지팡이에서 싹이 돋아나는 기적을 보여준 것이다. 상위의 법이 하위법의 판결을 기각한 사례라고 할 수 있다.

교황의 지팡이에 대한 이야기는 성배와 성창의 전설, 싹을 틔웠던 아론의 지팡이[143], 그리고 모세가 바위를 내려쳐 생명의 물을 구했던 지팡이[144]의 이야기와 여러

---

143) "이튿날 모세가 증거의 장막에 들어가 본즉, 레위 집을 위하여 낸 아론의 지팡이에 움이 돋고 순이 나고 꽃이 피어서 살구 열매가 열렸더라." (구약성경 민수기 17장 8절)

144) "모세와 아론이 총회를 그 반석 앞에 모으고 모세가 그들에게 이르되, 패역한 너희여 들으라 우리가 너희를 위하여 이 반석에서 물을 내랴 하고, 그

면에서 유사하다. 지팡이는 영적 성장을 위해 험난한 길을 걷고, 쿤드리처럼 이번 생에서 상위 자아를 위해 헌신함으로써 전생에 지은 죄를 갚고자 하는 모든 구도자에게 중요한 의미를 가지는 심볼이다. 성배 전설에서는 성배 자체와 그 안에 담겼던 정화의 피[145]를 별개의 개념으로 보고 있다.

전설에 따르면 루시퍼가 모세의 시신을 두고 대천사 미카엘[146]과 겨뤘을 때, 그의 왕관에서 가장 값진 보석이 떨어져 나갔다고 한다. 세상에 둘도 없는 이 아름다운 보석은 '일릭서[147]'라는 이름의 에메랄드였다. 결투 당시 이 보석은 심연으로 떨어졌지만 천사들이 다시 회수했고, 이 보석으로 구세주의 옆구리에서 흘러나온 정화의 피를 받은 성배를 만들었다고 한다. 우선 이 보석

손을 들어 그 지팡이로 반석을 두 번 치매 물이 많이 솟아 나오므로 회중과 그들의 짐승이 마시니라." (구약성경 민수기 20장 10~11절)
145) Cleansing blood. 십자가에 못박힌 예수 그리스도의 옆구리에서 흘러나온 성스러운 정화의 피. 보혈寶血.
146) Archangel Michael. 유대교, 기독교, 이슬람 경전에 등장하는 4대 대천사(미카엘, 가브리엘Gabriel, 라파엘Raphael, 우리엘Uriel) 중 한 명으로, 반란을 일으킨 루시퍼와 그의 추종자들에 맞서 싸우고 승리한 천사로 알려져 있다. 'Michael'은 '신을 닮았다'는 뜻이다.
147) Elixir. '만병통치약', '불로장생의 약', '영약'이라는 의미를 가지고 있다.

이 에메랄드였다는 점에 주목하자. 에메랄드는 초록색 보석이며, 초록은 파랑과 노랑을 섞은 것이므로 세 번째 원색인 빨강의 보색이다. 물질 세상에서 빨강은 인간을 흥분시키고 활기를 북돋우며, 초록은 열을 식히고 진정시키는 효과가 있다. 하지만 열망의 세상에서는 색의 효과가 반대로 뒤집어진다. 빨강이 아닌 초록이 활성화되어 인간의 욕망과 감정에 불을 지피는 구실을 하는 것이다. 그래서 루시퍼의 왕관에서 떨어져 나간 보석의 색은 초록이다. 이 보석은 현자의 돌[148]과 정반대의 극성에 있으며, 영혼 간의 순결한 사랑을 상징하는 흰색 돌과 달리 인간의 욕망을 끌어당기고 섹스를 위한 사랑을 부추기는 특성을 가지고 있다. 이와 같은 보색의 효과는 이미 입증되어 있지만 많은 사람이 의식하지 못하고 있다. 언어에도 색의 속성이 반영되어 있다. 영어에서는 질투하는 마음을 바탕으로 하는 불순한 사랑을 '초록 눈의 괴물[149]'이라고 표현한다.

---

148) Philosopher's Stone. 불로장생의 영약 Elixir of Life과 더불어 모든 연금술사가 추구하는 것으로, 깨달음을 상징하는 심볼이다.
149) Green-Eyed Monster.

씨앗을 담고 있는 화분은 성배의 작은 모형이다. 화분 안에는 창조의 불을 간직한 씨앗이 잠들어 있다. 성배를 구하는 모험을 떠나는 구도자의 마음속에서도 이 씨앗이 발아되어야 한다. 의지는 영혼의 남성적 속성이고, 상상력은 여성적 속성이다. 의지의 비중이 높은 상태에서는 영혼이 남자로 태어나고, 상상력이 더 강할 때는 여자로 태어난다. 자연계의 지속적인 순환이 보장되는 무지개의 시대에는 이처럼 인간도 남성과 여성의 육신을 번갈아 걸치며 태어난다. 하지만 남자로 태어나든 여자로 태어나든, 모든 인간의 육신에는 반대 성의 흔적이 개발되지 않은 상태로 남아있다. 따라서 인간은 육신을 가지고 있는 한, 남성성과 여성성을 동시에 지닌 존재라 할 수 있다.

의식이 영적 세상에 머물러있던 먼 옛날의 인간은 오늘날의 어떤 꽃처럼 양성의 육신을 가진 완벽한 창조의 주체였다. 당시의 인간은 육신의 수명이 다하면 새로운 육신을 자체적으로 만들어낼 수 있는 능력을 갖추고 있었으나, 자신이 육신을 가진 존재라는 사실을 명확하게 인식하지는 못했다. 그러다 다른 사람보다 비교적 명확하게 세상을 바라보았던 일부 선구자들이 모든 인간마다 별도의 육신을 가지고 있다는 것을 발견했고, 이 충격적인 사실을 모두에게 알렸다. 오늘날 인간에게 영혼이 있다고 주장하는 사람처럼, 이들도 당시에는 말도 안 되는 소리나 하는 미치광이라는 비난을 들었다.

따라서 루시퍼가 초록색 보석을 잃어버린 우화에는 인간이 자기를 잊어버리고 자기의 부인을 알게 된 일(타인을 인식하게 된 일), 성배를 잃어버린 일, 그리고 그 초록색 잔 안에 원래 있었던 욕망의 피를 정화함으로써 성배를 되찾을 수 있다는 의미가 담겨 있다.

별과 행성들이 발산하는 빛은 너무 이르지도 않고 너무 늦지도 않은 적절한 시점에 땅속의 씨앗에 도달하여 그 안에서 잠자고 있는 생명력을 자극하며, 그 후 작은 씨앗이 식물로 자라나 땅을 뒤덮는다. 자연의 법칙과 완벽한 조화를 이루며 생식을 하기 때문에 지구에서 아름다움이 탄생하는 것이다. 하지만 인간의 경우에는 다르다. 루시퍼가 인간의 여성적인 속성인 상상력을 자극하였기 때문이다.

인간은 태양의 광선이 생식에 유리하게 작용하는 시기와 무관하게 성교를 하며, 그 결과 죄와 죽음이 세상에 생겨났다. 그 이후부터 인간 영혼의 빛도 흐릿해졌고, 이제는 천국의 영광을 인지할 수도 없는 봉사가 되었다.

아론을 비롯한 인류의 리더들이 손에 쥐었던 살아있는 지팡이는 힘의 상징이자 도구였다. 아론의 지팡이는 훗날 말라비틀어져 성궤[150] 안에 보관되었다. 하지만 그렇다고 해서 구원이 사라진 것은 아니었다. 루시퍼의 왕관에서 욕망을 상징하는 초록색 보석이 떨어져 나가면서 인간은 천국에서 쫓겨나고 루시퍼에게 이끌려 생성generation에서 퇴보degeneration의 상태로 전락했지만, 이 세상에는 해방emancipation을 상징하는 현자의 돌도 있다. 생성의 힘으로 나락에 빠진 인류를 재생성regeneration하면 죽음과 죄를 정복할 수 있으며, 영생을 얻어 그리스도에게 다가갈 수 있다.

---

150) Ark of the Covenant. 십계명이 새겨진 두 증거판, 아론의 지팡이, 만나 단지가 담겨 있던 성궤, 언약궤.

이것이 바로 탄호이저 전설의 핵심 메시지다. 욕망은 독처럼 치명적이다. 루시퍼의 유혹에 넘어가 생식의 기능을 오용하면서 인류는 퇴보의 어둠에 빠졌지만, 같은 힘(생식)을 반대 방향으로 조준하여 재생성의 목적으로 활용하면 어둠에서 벗어나 전쟁에서 승리하고 천국에 이를 수 있다. 인간은 욕망을 품은 후 결정화 작용을 거치며 육신을 갖게 되었고, 그 굴레에서 벗어나는 방법은 순결뿐이다. 천국은 동정녀의 집이며, 우리는 섹스를 목적으로 하는 사랑에서 탈피하여 영혼 간의 사랑을 추구했을 때 육신의 구속에서 해방될 수 있다. 우리가 무원죄 잉태[151]를 하는 방법을 배우면 수많은 구세주가 탄생하여 인류를 구속하고 있는 죄와 슬픔의 사슬을 모두 끊어버릴 것이다.

순결의 이상을 추구하는 과정에서 무턱대고 성적 욕망을 억누르는 것이 곧 금욕은 아니라는 점을 기억해야

---

151) Immaculate Conception. 성모 마리아가 원죄Original Sin로부터 자유로운 상태에서 아기 예수를 임신했다는 기독교의 교리. 기독교 교리에 따르면 원죄는 아담과 이브가 선악과를 따먹음으로써 하나님의 뜻을 거역한 죄인데, '무원죄 잉태설'이라는 표현은 저자의 말대로 인간이 여호와의 고유 권한인 생식의 권한을 자체적으로 행사한 죄를 의미하는 것에 더 가깝다고 볼 수 있다.

한다. 단순히 참는다고 해서 되는 것이 아니라, 정신적으로, 의식적으로 원해서 멀리하는 것이어야 한다. 이 경지에 이르기 위해서는 신비주의자들의 말대로 '내면의 여성을 찾아야 한다.' (물론 여성의 경우에는 반대로 내면의 남성을 찾아야 한다.) 내면의 여성(또는 남성)을 발견한 후에는 들판에 핀 한 송이 꽃처럼 순수한 삶을 살아갈 수 있다.

우리가 물질 너머의 세상으로 진입하기 위해 대면해야 하는 '문지방 수호자[152]'는 항상 반대 성을 가진 생명체의 모습으로 나타난다는 점도 흥미롭다. 그런데 그를 자세히 보면 마치 나 자신을 보는 것 같은 기분이 든다. 음탕한 삶을 산 사람에게는 문지방 수호자도 끔찍

---

152) Dweller on the Threshold, Guardian on the Threshold. 물질 세상에서 상위 세상으로 넘어가는 여정에서 대면하게 되는 영적 세상의 문지기. 문지방 수호자는 끔찍한 형상으로 모습을 드러내며, 오로지 오이디푸스Oedipus처럼 용기 있는 영웅만이 스핑크스 같은 이 괴물의 시험을 통과할 수 있다. 고대인들은 이 문지방 수호자를 '내면의 적대자', '갚지 못한 카르마', '죄의 육신', '장애물', '부정의 영', '내면의 악' 등으로 불렀다. 영적 성장을 위해 문지방 수호자의 시험을 통과한다는 것은 결국 자기 안의 악마를 극복해야 함을 의미하는 것이다. 《반지의 제왕》에서는 회색 마법사 간달프가 모리아의 폐광에서 내면의 악마 발로그를 물리친 후 백색 마법사로 거듭나는 장면이 등장한다. 이 역시 문지방 수호자의 시험을 통과하는 과정을 보여주는 비유라 할 수 있다.

한 형상으로 나타난다. 파르지팔이 쿤드리의 유혹에 넘어가지 않자 그녀는 추녀로 변한다. 그 시점의 쿤드리는 파르지팔 앞에 나타난 문지방 수호자다. 그 문을 통과해야만 성창을 손에 넣을 수 있다.

Ⅴ. 로엔그린 (Lohengrin)

〈엘자와 로엔그린〉

《로엔그린》 줄거리 요약

제1막

 배경은 10세기 전반, 스켈트 강 옆의 안트워프. 브라반트 공국의 공작을 만나기 위해 성을 나선 독일의 하인리히 국왕은 그가 사망했다는 비보를 듣는다. 텔라문트 백작이 하인리히에게 상황을 설명한다. "공작의 딸 엘자가 동생 고트프리트와 숲으로 나갔다가 혼자 돌아왔습니다. 동생을 살해한 것 같습니다. 따라서 제가 브라반트 공국의 공작이 되어야 합니다." 하인리히 국왕은 결투로 공작의 후계자를 정할 것을 명한다. 엘자는 꿈에서 보았던 정체불명의 기사가 자기를 위해 싸울 것이라고 지명한 후 기도한다. 얼마 후 그 기사(로엔그린)가 마법의 백조를 타고 나타난다. 로엔그린이 엘자에게 말한다. "나의 이름과 출신을 묻지 않는다면 당신을 위해 싸우겠소." 엘자는 기사가 내건 조건을 수락하고, 로엔그린은 결투에서 텔라문트 백작을 물리친다.

제2막

 결투에서 승리한 로엔그린은 텔라문트 백작의 목숨을 거두지 않는다. 텔라문트의 부인, 오르트루트는 남편의 정체를 캐보라고 엘자를 부추긴다. 오르투트르는 숲에서 엘자의 동생 고트프리트를 납치했던 마녀다.

제3막

엘자와 로엔그린이 결혼한다. 궁금증을 참지 못한 엘자는 결국 그의 이름과 출신에 관해 묻는다. 로엔그린은 엘자, 하인리히를 포함한 많은 사람 앞에서 자신의 정체를 밝힌다. 그는 성배를 지키는 기사, 파르지팔의 아들이며, 이제 성배를 지키러 다시 떠나야 한다고 말한다.

마법의 백조가 강에 나타난다. 로엔그린이 백조를 풀어주자 백조는 엘자의 동생, 고트프리트로 변신한다. 마법이 풀리는 순간, 마녀 오르트루트는 죽는다.

로엔그린은 배를 타고 떠난다. 그가 어디로 가는지는 아무도 모른다. 상심한 엘자는 동생의 품에 안겨 죽는다.

등장인물

⊙ 로엔그린 (Lohengrin): 성배의 기사. 파르지팔의 아들. 엘자의 남편.
(테너)

- 엘자 (Elsa): 브라반트 공국의 공주. 로엔그린의 부인. (소프라노)

- <u>오르투르트</u> (Ortrud): 마녀. 텔라문트의 부인. (드라마틱 소프라노 또는 메조소프라노)

- 텔라문트 (Telramund): 브라반트 공국의 백작. (바리톤)

- 하인리히 (Heinrich der Vogler): 독일의 왕. (베이스)

- 왕의 전령 (The King's Herald): (바리톤)

- 네 명의 귀족 (Four Noblemen of Brabant): 브라반트 공국의 귀족. (테너, 베이스)

- 네 명의 시동 (Four Pages): (소프라노, 알토)

- <u>고트프리트</u> 공작 (Duke Gottfried): 엘자의 동생. 브라반트 공국의 공작.

제19장. 백조의 기사

바그너가 창작한 모든 오페라 중 《로엔그린》처럼 보편적인 인기를 두루 누리고 있는 작품은 아마 없을 것이다. 여기에는 여러 가지 이유가 있겠지만, 일단 표면적으로 봤을 때 아주 단순하고 아름다운 이야기이기 때문이 아닐까 싶다. 음악 또한 《파르지팔》, 《니벨룽의 반지》, 《탄호이저》처럼 신화와 전설을 주제로 하는 여타 작품들과 달리 매우 우아하다.

물론 방금 언급한 작품들도 감상자에게 강력한 영적 작용을 하지만(감상자가 의식하지 못하더라도), 전반적으로 봤을 때 폭넓은 애호가의 지지를 받고 있다고 할 수는 없다. 특히 유럽보다 신비주의 정신이 취약한 미국의 경우에는 더욱 인기가 떨어지는 작품들이다.

하지만 로엔그린은 얘기가 다르다. 로엔그린은 기사도 정신이 정점에 달했던 시대를 배경으로 하고 있다. 주인공 로엔그린의 신비스러운 출현과 엘자의 기도에 백조가 응답하는 장면에 마법의 요소가 등장하긴 하지만, 이 대목들은 오히려 심오한 의미가 담겨있지 않은 평범한 시적 표현에 가깝다. 로엔그린 전설의 핵심은 영적 세상에 입문하는 과정에서 가장 중요한 조건인 '믿음'에 대한 가르침이다.

믿음이 없는 자는 결코 깨달음을 성취할 수 없다. 하지만 믿음이 확실하면 다른 부족한 점들도 얼마든지 아우르고 보완할 수 있다.

《로엔그린》의 줄거리는 대략 다음과 같다. 어느 날 브라반트 공국 공작의 후계자, 고트프리트가 행방불명된다. 어린아이에 불과한 고트프리트는 엘자의 남동생이다. 엘자의 정적政敵인 오르투르트와 텔라문트 부부는 그녀가 공국을 독차지하기 위해 동생을 죽였다는 혐의를 뒤집어씌우며 공격한다. 이에 따라 엘자는 궁정에 소환되어 결백을 입증해야 하는 처지에 놓이게 된다. 하지만 그녀를 보호하고 그녀의 명예를 훼손한 사악한 자들을 응징하기 위해 선뜻 나서는 기사는 한 명도 없었다. 그러던 중 백조를 탄 정체불명의 기사가 강에서 내려 궁정을 찾아온다. 그는 엘자가 자기와 결혼해주면 그녀를 위해 싸울 것이라고 말한다. 엘자는 망설이지 않고 기사의 제안에 동의한다. 실물로는 처음 보지만, 꿈속에서 여러 차례 만나고 사랑했던 기사였기 때문이다. 이름 없는 기사는 텔라문트와의 결투 끝에 그를 쓰러트린다. 하지만 적을 처단할 수 있었음에도 검을 거두고 엘자를 신부로 맞는다. 그는 엘자를 도운 대가로 자기와 결혼하는 것 이외의 조건을 하나 더 내걸었다. 그가 누구인지, 어디에서 왔는지에 대해 일절 물어서는 안 된다는 것이었다. 자신의 절실한 기도에 응답한 선량하고 고결한 기사의 진정성을 한 치도 의심하지 않은 엘자는 이 조건도 흔쾌히 수용했고, 둘은 첫날밤을 보내기 위해 침실로 향한다.

한편 일격을 당한 오르투르트와 텔라문트는 엘자를 끌어내리려는 공작을 포기하지 않는다. 그들은 엘자와 이름 없는 기사를 이간질하고 그녀와 동생 고트프리트에게 가게 되어 있는 공국의 권력을 손아귀에 넣기 위해 그녀의 가슴에 의심하는 마음을 불러일으킨다. 두 사람은 엘자의 집을 찾아가 자기들이 저지른 죄를 크게 뉘우치고 있고, 그녀의 안위를 밤낮으로 걱정하고 있다

〈로엔그린과 텔라문트의 결투〉

며 거짓으로 사죄한다. 또 그녀가 이름도 모르는 낯선 사내에게 자신을 내맡겼다는 점에 대해 깊은 우려를 표시한다. 누구에게도 드러내고 싶지 않은 어두운 과거와 수치스러운 사연이 있는 것이 아니라면 어떻게 자기의 신상에 관해 묻는다는 이유 하나로 평생을 함께하기로 약속한 사람의 곁을 떠나겠다고 으름장까지 놓았겠느냐는 것이다.

두 사람은 이렇게 엘자의 마음을 뒤흔들고, 그들의 계략에 말려든 엘자는 평소와 다르게 남편을 대한다. 부인이 변한 사실을 직감한 그는 이유를 묻는다. 그녀가 로엔그린에 대한 확신이 없고, 그의 이름을 알고 싶다고 말하자 로엔그린은 그녀가 부부간에 합의된 조건을 깨고 의심을 품었기 때문에 이제 떠날 수밖에 없다고 선언한다. 엘자가 아무리 울고 불며 사정해도 그의 결심은 단호하다. 둘은 이별을 위해 강가로 나아간다. 로엔그린이 신호를 보내자 어디선가 백조 한 마리가 나타나고, 그는 비로소 자신의 정체를 밝힌다. "나는 파르지팔의 아들, 로엔그린이요." 잠시 후 백조가 엘자의 동생으로 둔갑하고, 로엔그린을 대신하여 그녀를 보호하는 임무를 수행한다.

로엔그린의 이야기에는 깨달음을 성취하는 과정에서 우리가 배워야 할 아주 중요한 교훈이 담겨있다. 이 교훈을 터득하지 못하면 누구도 입문자가 될 수 없다. 이 개념을 명확하게 이해하기 위해 우선 백조의 심볼부터 살펴보도록 하자. 백조의 배후에 어떤 의미가 담겨 있는지, 왜 백조가 심볼로 사용되었는지 알아야 한다. 오페라 《파르지팔》을 관람한 적이 있거나 성배 관련 문학에 익숙한 독자는 성배의 기사들이 백조를 상징으로 삼았었다는 사실을 잘 알고 있을 것이다.

《파르지팔》에서는 두 마리의 백조가 고통에 신음하는 왕 암포르타스의 옆구리에 난 상처를 치유하는 목욕물을 생성한다. 하지만 파르지팔이 쏜 화살에 한 마리가 죽고, 이유 없는 폭력을 목격한 성배의 기사들은 큰 슬픔에 빠진다.

백조는 다양한 원소 안에서 움직일 수 있는 동물이다. 빠른 속도로 하늘을 날 수 있고, 두 다리를 이용하여 물 위에서 유영할 수 있으며, 때로는 긴 머리를 물 아래로 넣어 호수 안을 살펴볼 수도 있다. 즉, 백조는 내면의 힘을 계발하고 의식 수준을 상승시킴으로써 영적 세상을 포함한 여러 세상을 자유자재로 넘나드는 능력을 갖추게 된 입문자를 상징하는 심볼이다. 백조가 자유롭게 하늘을 나는 것처럼, 영혼체Soul Body를 계발한 사람도 원하는 대로 산과 바다를 건널 수 있다[153]. 백조가 물 밑으로 다이빙하듯이, 입문자 역시 불, 흙, 공기, 물의 위험으로부터 안전하게 자신의 내면 깊은 곳까지 들어갈 수 있다. 보이지 않는 조력자들이 가장 먼저 배우는 것도 바로 이것이다: 황금 결혼 예복을 걸치고 있는 상태에서는 육신이 어떠한 위험으로부터도 안전하다는 것. 따라서 이들은 화마에 휩싸인 건물 안으로도 안전하게 들어가 위험에 처한 자들을 돕거나, 침몰하는 배에 갇힌 선원들이 평온한 마음으로 생의 다음 단계를 맞이하도록 용기를 북돋아 주는 기적도 행할 수 있다.

고대 북유럽 신화에 따르면 명예를 목숨보다 소중하

---

153) 육신으로 물리적인 제약을 극복한다는 것이 아니라, 유체이탈out-of-body experience 같은 현상을 말하는 것이다.

게 여겼던 옛 전사들은 전쟁터에서 치명적인 상처를 입거나 적에게 패했을 때 백조의 노래[154]를 불렀다고 한다. 이건 검과 창으로 싸우는 물리적 전쟁에만 적용되는 얘기가 아니다. 이 이야기의 숨은 의미는, 치열하게 삶의 전투를 치르며 능력이 닿는 데까지 모두 성취한 고귀한 영혼들이 마지막 노래를 부르고, 당당한 입문자로서의 의무를 완수하겠다고 맹세한 후, 물질 세상에서 그랬던 것처럼 영적 세상에서도 남을 돕는 능력을 갖추게 된다는 뜻이다. 착취 당하는 약자와 무거운 짐을 짊어진 영혼들을 도왔던 기사들처럼 말이다.

엘자는 왕의 딸이다. 즉, 가장 높은 신분의 귀족이다. 그녀처럼 신분이 높지 않은 사람은 로엔그린 같은 기사의 도움을 받을 자격도 없다. 물론 여기서 말하는 '신분'은 세속의 가문이나 혈통을 뜻하는 것이 아니라 의식 수준을 말하는 것이다. 여러 차례의 환생을 통해 지구학교에 꼬박꼬박 등교한 영혼들은 형제단 교수진으로부터 '삶'이라는 전공과목을 배우고 시험을 치르며

---

154) Swan song. 백조가 죽을 때 마지막으로 부르는 노래. 임종 또는 은퇴를 앞두고 행하는 최후의 작품 또는 업적을 의미하는 표현으로도 쓰인다.

조금씩 귀족으로 성장한다. 나보다 더딘 속도로 성장하는 형제들에게 자비를 베푸는 마음이 있어야 지구학교의 시험을 통과할 수 있다. 그래서 엘자가 위기에 처하자 그녀를 가르치고 지도하기 위해 로엔그린이 나타난 것이다.

신약성경 요한계시록에서는 신부와 어린 양의 신비스러운 결혼에 관한 이야기가 나온다[155]. 모든 영혼은 항상 유사한 방식과 환경하에서 이 신성한 결혼을 체험한다. 신성한 결혼을 하기 위한 첫 번째 조건은 모든 사람에게 버림받는 것이다. 세상에 친구 한 명도 없는 상태에서 홀로 서 있을 수 있어야 한다. 물질 세상으로부터 아무런 도움과 위로를 받을 수 없는 상태에 이르렀을 때, 온 가슴으로 천국을 바라보고 구원을 위해 기도했을 때 비로소 구세주가 나타나 우리에게 청혼하는 것이다. 다시 말해, 진정한 스승은 구도자가 진심으로 기

---

155) "우리가 즐거워하고 크게 기뻐하여 그에게 영광을 돌리세 어린 양의 혼인 기약이 이르렀고 그 아내가 예비하였으니, 그에게 허락하사 빛나고 깨끗한 세마포를 입게 하셨은즉, 이 세마포는 성도들의 옳은 행실이로다 하더라. 천사가 내게 말하기를 기록하라, 어린 양의 혼인 잔치에 청함을 입은 자들이 복이 있도다 하고, 또 내게 말하되 이것은 하나님의 참되신 말씀이라 하기로." (신약성경 요한계시록 19장 7~9절)

도했을 때 모습을 나타내며, 구도자가 세상을 버리고 세상으로부터 버림받기 전에는 나타나지 않는다. 스승은 지도를 갈망하는 구도자에게 손을 내밀고 진리의 검으로 거짓을 정복하는 모습을 보여준다. 하지만 스승의 자격을 갖추고 있음을 보여준 후에는 제자의 절대적인 신뢰를 요구한다. 지금부터 할 얘기는 아주 중요한 내용이므로 마치 불로 의식 속에 영구적으로 각인시키듯이 새겨듣기 바란다. 구도자의 기도(말로 하는 기도뿐 아니라 영적으로 성장하겠다는 열망을 행동으로 실천하는 것을 의미한다)를 듣고 나타난 스승은 자신이 스승의 자격과 제자를 돕고 지도할 수 있는 능력을 갖춘 자임을 명백하게 입증하며, 그 후 제자는 절대적으로 스승을 신뢰해야 한다. 이 신뢰 관계가 형성되지 않으면 스승이 제자를 가르칠 수 없다.

이것이 바로 로엔그린의 핵심 메시지다. 지금도 세상에는 수많은 구도자가 스승을 구하기 위해 사방을 두리번거리고 있다. 이들 중에는 진짜 스승을 찾았다고 착각하며 자신을 속이고 있는 사람들도 많다. 하지만 로엔그린의 전설에서 본 것처럼, 진짜 스승은 제자 앞에서 반드시 자신의 실력을 보여줘야만 한다. 이건 스승으로서의 필수 요건이다. 그다음에 스승은 제자의 충성을 요구한다. 스승에 대한 충성과 신뢰, 스승의 요구를 섬기려는 자세가 확실하지 않으면 사제관계가 유지될 수 없다. 엘자처럼 약속대로 스승을 섬기지 않은 구도자는 아무리 진심으로 회개하고 눈물을 흘려도 이번 생에서는 두 번째 기회가 주어지지 않는다.

입문을 희망하는 구도자는 스승을 받아들이기 전에 스승이 제자에게 먼저 보여줘야 할 것이 있다는 점을 반드시 기억해야 한다. *"그의 열매로 그들을 알지니*[156]*"*라는 그리스도의 말처럼, 스승도 자신이 맺은 열매를 보여줘야 한다. 진짜 스승은 제자가 굳이 요구하지 않아도 자연스럽게 자신의 역량을 드러낸다. 제자보다 많은 지식과 능력을 보유하고 있다는 명백한 증거를 보여줌으로써 제자가 신뢰할 수 있는 발판을 마련해 준다. 그다음에는 스승에 대한 절대적 신임이 요구된다. 사람

---

156) "그의 열매로 그들을 알지니 가시나무에서 포도를, 또는 엉겅퀴에서 무화과를 따겠느냐." (신약성경 마태복음 7장 16절)

들이 그에 대해 손가락질하며 비난하더라도 흔들려서는 안 되고, 내가 구하고 있는 진리를 전수할 준비가 되어 있는 스승을 철저하게 믿고 따라야 한다. 스승에 대한 신념이 없으면 관계가 지속될 필요도 없다.

하지만 오페라의 마지막 장면에서 로엔그린이 떠난 후, 그를 태우고 왔던 백조가 다시 원래 모습인 동생으로 변신한 것은 매우 의미심장하다. 동생은 입문을 통과한 자를 상징한다. 영적 공부와 성장으로 높은 경지에 이른 동생은 누나의 딱한 처지를 잘 알고 있었을 것이다. 하지만 그는 아름다운 구도자가 곤경에 처한 것을 보고도 두려워하지 않았다. 엘자도 동생처럼 믿음과 신뢰를 지켰더라면 갈구했던 구원을 얻을 수 있지 않았을까? 구원의 수단인 동생이 다시 그녀 앞에 나타났다는 것은 아직 그녀에게 희망이 있다는 뜻이 아닐까?

옮긴이 소개

옮긴이 윤민
17년간의 직장생활을 마무리하고 2013년에 윤앤리 퍼블리싱 출판사를 차렸다. 출판업에 대한 지식이 전혀 없는 상태에서 4년 넘게 우왕좌왕하였으나 현재까지 포기하지 않은 상태이며, 2017년부터는 '마름돌'이라는 이름으로 새로운 출발을 시작했다. 거칠고 울퉁불퉁한 마름돌을 꾸준히 다듬고 연마하여 널리 쓰일 수 있는 매끈매끈한 마름돌을 탄생시키겠다는 의지가 담겨 있는 이름이다.

번역서 : 《내 인생이잖아》, 《파워 오브 러브》, 《돌아보고 발견하고 성장한다》, 《별자리 심리학》, 《동화 속의 심리학》, 《혼점》, 《음악의 심리학》, 《생각이 만든 감옥》.

옮긴이 남기종
심볼리즘과 원형을 통한 인간 심리 이해와 활용법에 대해 연구 중이며, 바꿀 수 없는 과거나 아직 존재하지 않는 미래보다는 지금 자신이 결정하고 선택할 수 있는 현재에 집중하는 삶을 위해 노력하고 있다.

번역서 : 《동화 속의 심리학》, 《혼점》, 《음악의 심리학》, 《생각이 만든 감옥》.

절망 속에서 태어나는 용기 - 오페라에 담긴 진리의 가르침

초판 1쇄 발행 2018년 11월 26일

지은이	맥스 하인델 (Max Heindel)
옮긴이	윤민, 남기종
펴낸이	윤민, 남기종
편집	윤민, 남기종
디자인	모아 김성엽

펴낸곳	윤앤리퍼블리싱
임프린트	마름돌
주소	경기도 용인시 기흥구 보정로 30, 114-1502
전화	070-4155-5432
팩스	0303-0950-9910
카페	http://cafe.naver.com/ynl
유튜브	http://www.youtube.com/user/yoonandlee
메일주소	krysiagetz@gmail.com

값 15,000원
ISBN 979-11-950885-0-8 03160